Le LIVRE de POCHE

Jeunesse

DU MÊME AUTEUR DANS
Le Livre de Poche Jeunesse

Si on adoptait un papa ?
On n'est pas des mouches !
Emilio, mon frère !
Marinier cherche marinière

Anne Mirman

UN JOUR, UN ENFANT, UN LOUP...

Illustrations :
Sybille Knapp

HACHETTE
Jeunesse

1

« Après-demain ! Départ ! La liberté ! Après-demain ! L'aventure ! »

Les mots fusent dans la tête de Kevin, à intervalles réguliers, comme un feu d'artifice. Chaque fois, son cœur bondit follement. C'est tuant ! Et le cours de maths qui n'en finit pas ! La voix du prof bourdonne à son oreille sans qu'il comprenne un seul mot.

Kevin ferme les yeux. Il rêve que les murs de la classe se volatilisent, par magie... et qu'il s'échappe en courant.

La sonnerie de la sortie retentit. Enfin ! Dans la cour, tous ses copains l'entourent.

« Alors, ça y est, Kevin, tu nous lâches ?

— Tu pars pour le pôle Nord, te faire dévorer par les loups ! »

Kevin hausse les épaules en riant. Cela fait combien de fois qu'il leur dit ? Que les loups n'attaquent pas les hommes, qu'ils n'ont jamais dévoré les enfants, ni les bergères. Des vieilles légendes, tout ça !

Les loups ! Les loups ! Les loups !

La grille du collège, grande ouverte devant lui. Kevin la franchit, tout droit, au milieu de la bousculade. Il s'élance dans la rue.

Comme le collège est loin, déjà ! Loin, les visages des profs, des copains. Et même les yeux brillants d'enthousiasme et d'envie de son meilleur ami, Théo.

Son sac lui battant les reins, Kevin rentre chez lui. Il marche vite, comme pour accélérer le temps.

Kevin, douze ans. Taille : un mètre quarante. Poids : trente-six kilos. Un petit mâle de l'espèce humaine – dans le jargon scientifique de son père, Pat. Des yeux gris, rêveurs, où s'allument des éclairs de passion. Un visage taillé à angles nets, si ce n'est la rondeur des joues. Kevin... tout en retenue et en brusques impulsions.

La pâtisserie, le vendeur de motos, le cinoche... De son quartier, il connaît chaque coin de rue, chaque portion de trottoir. C'est son univers, fourmillant de vie, vaste pour lui... mais, en réalité, minuscule : un point microscopique sur la mappemonde, perdu dans l'immensité des pays, des continents, des mers.

Et là-bas, si loin, l'Arctique*[1] ! L'Arctique dont il rêve... Un milliard d'images, vues sur des photos ou imaginées, qu'il a engrangées dans sa tête pendant des mois. Si nettes, et pourtant irréelles.

D'ailleurs, tout est irréel aujourd'hui. Les gens qu'il croise. Le vacarme de la rue. L'odeur tiède, un peu écœurante du bitume, en cette soirée de printemps.

Kevin lève les yeux vers les grands buildings du front de Seine : une mosaïque de fenêtres scintillant dans le ciel qui vire au mauve. En fermant à demi les paupières, on pourrait croire que c'est un glacier... Non ! Rien à faire. Impossible de s'échapper. Il est ici. Encore ici pour un jour et deux nuits.

Après-demain ! Après-demain !... Kevin se sent comme au bord d'un grand trou noir, les yeux écarquillés, zébrés d'images rapides, désordonnées. Et il ne sait rien, rien, rien de ce qui l'attend là-bas.

---

1. Les mots suivis d'un astérisque sont expliqués dans le glossaire en fin d'ouvrage.

*
* *

Là-bas.

Elle n'attend rien.

Dans la caverne obscure, au cœur du roc, la grande louve blanche est couchée.

Pattes, museau, fourrure mêlés à ceux de ses petits. Cinq petits, cinq têtes rondes... un seul grand corps, qui couine, tremblote, gigote sous elle.

La louve, à longs coups de langue, apaise ses louveteaux, les imprègne de sa salive jusqu'au plus profond de leur pelage, de leur peau. Puis, fatiguée, elle laisse retomber sa tête sur le sol presque tiède, qu'elle a tapissé avec des poils de ses flancs, mêlés d'herbe et de mousse, avant de mettre bas. Son ventre, encore douloureux, s'étale, prend ses aises.

Au loin, dehors, le vent siffle sur les collines nues.

Elle l'a tout entier en elle, le vent. Tout entier en elle, ce monde : ciel, mer, terre aride, glaciers. Dans ses yeux, le soleil sans fin des étés, l'obscurité permanente des hivers. Dans ses pattes, le sol rêche de ce printemps : herbe rase, lichen, caillasses rondes ou tranchantes qui ont réapparu depuis peu sous la neige fondante. Dans ses oreilles, les coups de tonnerre de la banquise* qui a fini d'éclater, il y a quelque temps, libérant les eaux de la mer.

Elle sait tout, la grande louve. Tout de ce qui l'entoure. Simplement, elle ne sait pas qu'elle habite en terre d'Ellesmere. Cette grande île du Canada, proche du Groenland, à huit cents kilomètres du pôle Nord.

Autour, il y a le monde, immense, différent. Des mers chaudes, des déserts écrasés de soleil, des forêts profondes dont elle ignore tout. Et puis des villes, remplies d'hommes.

Les hommes ! La louve n'a jamais rencontré un seul de ces animaux-là. Les derniers sont passés sur l'île, il y a très longtemps, bien avant sa naissance. Des Inuits en migration*, des bêtes humaines marchant sur deux pattes, couvertes de peaux d'animaux.

Elle ne sait pas que les hommes, après avoir chassé pendant des millénaires comme leurs frères loups, se sont retournés contre eux : un peu partout dans le monde, depuis quelques centaines d'années, ils ont détruit et détruisent systématiquement les siens. Autrefois par l'épieu et l'arc, aujourd'hui par le fusil et le poison.

La louve étire dans l'obscurité ses pattes raidies par des jours d'immobilité. Paisible, engourdie par la chaleur des petits corps aveugles et sourds qui palpitent sous elle, elle ferme les yeux.

*

* *

À des milliers de kilomètres de là, à Paris, une chambre d'enfant.

Il y a des bouquins de classe sur une étagère, un atlas, des B.D. Un bureau bien rangé, ce soir, presque vide. Dans un coin, une crosse de hockey, une raquette de tennis. Sur les murs, des photos de loups.

Et, au milieu de la pièce, un sac à dos en nylon bleu roi, bouclé. Kevin et sa mère ont passé une bonne partie de l'après-midi à le remplir. Elle, pliant et repliant soigneusement les vêtements pour les faire tenir tous dans le sac. Lui, cochant au fur et à mesure sur la liste préparée par son père depuis plus de deux mois.

À présent, Kevin est assis sur le bord de son lit, les bras ballants, ahuri de fatigue et d'émotion. Il fixe le sac bleu roi. Il s'hypnotise à force de le fixer. Et ça lui fait du bien. Les battements excités de son cœur se calment peu à peu. Sa tête se vide, ses muscles tendus se relâchent.

Du haut du mur, les loups le regardent. Craintifs ou majestueux, figés dans la posture où le photographe les a surpris.

Loup... ce mot fait partie de la vie de Kevin. Tout petit, il le connaissait déjà. À l'époque, Pat, son père, biologiste* de formation, ne rencontrait encore les loups que dans les livres. Des centaines de livres qu'il parcourait, de son regard précis de chercheur, poussé par une idée fixe : comprendre les rapports des hommes et des loups depuis la nuit des temps. D'un côté, les légendes qui font des loups les pires ennemis des humains. De l'autre, la réalité, des faits qui attestent qu'aucun d'eux ne s'est jamais attaqué à un homme vivant.

Et puis voilà qu'un jour, Pat a abandonné son bureau et ses archives. C'est qu'il a rencontré Flavio, l'Italien, le photographe, le poète. Et celui-ci l'a entraîné à sa suite aux quatre coins de l'hémisphère Nord, à la recherche des loups, les vrais, sa passion.

Ensemble, ils ont vécu les longues marches à travers les forêts, les steppes. Les heures interminables d'attente pour entrevoir un animal au loin, ou au travers d'un fourré. Et l'excitation de filmer un instant fugace de la vie des loups.

Si prudents, les loups ! Avertis de la chasse que leur livrent les hommes, ils se gardent d'eux, ne sortent que la nuit. Pat et Flavio ont fini par se sentir frustrés de pouvoir si peu les approcher. Alors ils ont décidé une expédition en terre d'Ellesmere, où les loups ne connaissent pas l'homme. Beaucoup moins méfiants, ils seront certainement plus faciles à étudier.

De tous ces voyages, comme de ce dernier projet auquel il va participer, Kevin a souvent entendu parler.

« Tu vois, Kev... »

Cela commence toujours ainsi. Puis son père se lance dans des récits et des explications. De bons moments dans la vie de Kevin. Pat a toujours eu pour principe de s'adresser à lui comme à un adulte. Et leurs discussions dans son bureau se poursuivent parfois pendant le dîner. Au point que, récemment, Agathe, la mère de Kevin, s'est écriée :

« Arrête un peu avec tes canidés*, Pat ! Y a pas qu' ça, dans la vie. Je suis là, moi, ta femme. Ta louve, si tu préfères », a-t-elle conclu en riant.

Pour l'instant, le louveteau Kevin, les yeux toujours fixés sur son sac bleu, dodeline de la tête, sommeillant à moitié. Mais brusquement, il se redresse. Une pensée vient de lui traverser l'esprit :

« Maman ! »

Demain, il va quitter sa mère pour trois mois. Trois longs mois sans elle... son sourire, ses brusqueries et ses douceurs. Une vague de nostalgie le submerge.

Kevin se lève. Pieds nus, il s'engage dans le couloir qui mène au salon. À mi-chemin, un bruit de voix l'arrête :

« T'as l'air un peu soucieuse, ma douce... »

Ses parents doivent être assis l'un contre l'autre sur le canapé. Comme toujours à la veille d'un des départs de Pat. Kevin hésite à se montrer. Il entend la voix feutrée de sa mère :

« Soucieuse ? Pas vraiment... mais...

— Mais quoi ?

— Ne sois pas trop... exigeant avec Kevin.

— Exigeant ? »

Pat marque un petit temps d'étonnement. Kevin retient son souffle pour mieux entendre la suite.

« Tu trouves que je lui demande beaucoup ?

— Parfois... C'est encore un enfant. »

Kevin a une petite grimace. Comme chaque fois qu'il trouve que sa mère le poulotte trop. La voix de son père reprend, nette, un peu tranchante :

« Je sais que ça ne va pas être facile pour lui.

D'ailleurs, tu te souviens... je me suis beaucoup interrogé avant de décider de l'emmener. »

Oui, Kevin est au courant des hésitations de son père.

« Je l'ai averti. Ce ne sera pas des vacances. Nous partons pour une expédition scientifique, où chacun doit jouer son rôle, se prendre en charge. Mais je pense que ça peut être formidable pour lui. Un vrai défi ! »

Dans l'ombre du couloir, Kevin fait volte-face et regagne sa chambre. Il se laisse tomber à la renverse sur son lit. Et il reste là, l'œil rivé au plafond, les bras en croix.

« Exigeant... enfant... défi... »

Comme il se sent mal à l'aise ! Il voudrait chasser ces mots de sa tête. Et surtout celui-là : « Défi ! »

Voilà que monte en lui une vague de panique. Des doutes l'assaillent.

« Et si c'était trop dur ?... Et si j' tenais pas le coup ? »

Il se tourne et se retourne sur son lit.

Les loups, du haut du mur, l'observent. Soudain, ses yeux croisent ceux d'une grande louve. Dorés, pleins d'une vie fauve et tranquille. Il les fixe, fasciné. Il plonge au fond des pupilles sombres. Il s'y perd, s'y noie.

Peu à peu, son cerveau se vide. Son trac s'évanouit. Il oublie les mots de ses parents et retrouve les siens :

« L'aventure ! La liberté ! »

Les images de son rêve recommencent à tourner dans sa tête. C'est fou, c'est bon ! C'est comme d'avoir la fièvre... Demain ! Il voudrait foncer à travers la nuit et sauter, les yeux fermés, dans l'inconnu.

À minuit, épuisé, Kevin a fini par s'endormir.

Mais deux heures plus tard, il se réveille, se lève doucement. Il va, silencieux, jusqu'à la chambre de ses parents. Il s'approche du lit.

« C'est toi, mon grand ? »

Sa mère, sans bruit, l'attire vers elle. Il s'agenouille, blottit la tête contre son flanc chaud. Et il reste là longtemps, les yeux grands ouverts dans le noir.

2

L'hélicoptère décrit un vaste cercle, puis met le cap vers la chaîne de glaciers qui barre l'horizon au loin. Quelques minutes plus tard, il disparaît derrière la ligne blanche des crêtes. Son ronronnement se fait imperceptible, et enfin s'éteint.

Silence. Les deux hommes et l'enfant restent seuls, immobiles au milieu de l'immensité déserte.

Kevin sent son cœur s'arrêter... puis se remettre à battre à petits coups précipités. Ébloui par la lumière crue, il ferme les yeux... les rouvre.

Face à lui, à perte de vue, d'immenses espaces nus. De hautes collines rondes, des monts caillouteux, couverts d'herbe rase. Çà et là affleurent des blocs et de larges plaques de rocher. Pas un arbre, pas un buisson, pas une ombre. Un petit vent glacé souffle par rafales.

Kevin le sent à peine qui lui râpe le visage. À peine s'il entend, loin derrière lui, les piaillements de milliers d'oiseaux migrateurs au-dessus de la côte.

Il reste là, immobile, comme changé en pierre. Il se sent petit, si petit... un point minuscule sous le ciel infini.

Et soudain il comprend : les voilà seuls, son père, Flavio et lui, les seuls humains sur cette île plus grande que la moitié de la France.

C'est fou, c'est trop ! Kevin en a comme un vertige. Il cherche en vain dans sa mémoire des images de sa vie, de Paris. Étrange ! C'est comme s'il avait tout oublié, à l'instant même où il a mis le pied sur cette terre inconnue.

Tout juste s'il se souvient du voyage. D'abord la cavalcade à l'aéroport, avec leurs chariots chargés de plusieurs centaines de kilos de bagages : matériel de camping, appareils photo, caméra, médicaments, vêtements et vivres pour trois mois. Puis il y a eu le trajet en avion jusqu'au Groenland. Pendant des heures, il est resté le front collé au hublot, cherchant vainement à percer du regard la mer de nuages gris qui moutonnait sous lui.

À l'arrivée, ils ont fait un bref séjour à Thulé. Une soirée et une nuit, bien décevantes.

Son père l'avait prévenu : rien d'exotique dans cette petite ville perdue dans la toundra*. Les Inuits ont fui l'endroit depuis que les Américains y ont construit, en 1950, l'une des plus gigantesques bases militaires aériennes du monde. Plus tard, la guerre froide* terminée, la ville s'est vidée, réduite à une petite station météorologique.

C'était encore plus laid que ce que Kevin avait pu imaginer. Quelques vieilles plaques de neige sale, au long des pistes d'atterrissage géantes, presque désertes. De longues rues rectilignes, défoncées, bordées de baraquements et de petites maisons en bois.

Ils ont dîné dans un snack-bar, aussi morne et clinquant qu'un restaurant d'autoroute. Ils ont dormi dans un hôtel triste, tout en moquette et Formica. Puis ils ont embarqué, en fin de matinée, dans l'hélicoptère qui les a conduits en terre d'Ellesmere.

Là encore, le voyage a été décevant. Pat et Flavio désiraient survoler longuement le sud de l'île, pour tenter de repérer une meute de loups. Cela leur aurait permis, une fois au sol, de trouver plus facilement leur tanière. Mais le pilote, un grand gars revêche, a refusé de coopérer. Il les a menés tout droit à l'endroit qu'ils lui avaient indiqué sur la carte. Il a renâclé pour les aider à décharger et il est reparti au plus vite.

Dans l'hélicoptère, absorbé par les discussions, gagné par la contrariété de Pat et de Flavio, Kevin a tout juste eu le temps d'apercevoir sous lui le scintillement bleu-noir de la mer, la brillance d'un glacier.

À présent, il est là, immobile, depuis un bon quart d'heure, au milieu de ce paysage étrange. Peu à peu, ses yeux s'habituent. Est-ce à cause de la légèreté de l'air, des espaces infinis ouverts devant lui ? Il est pris d'une sorte d'ivresse. Son regard vole... se pose comme un oiseau sur les crêtes... s'enfonce dans les combes* et les vallées tapissées d'herbe drue.

Soudain, il a envie de rire. De se mettre à courir comme un fou, droit devant lui, et de se rouler sur le sol, tel un jeune chiot.

« Hé ! Kevin ! »

La voix de son père, dans son dos, le fait sursauter. Il se retourne. Un peu en contrebas, Pat et Flavio ont commencé à s'activer. Ils trient et déballent le matériel.

Kevin se mord les lèvres. Et voilà ! À peine débarqué, il se conduit comme un gamin. Il rêve, au lieu d'aider ses compagnons et de « tenir son rôle dans l'expédition », comme dirait son père.

En quelques bonds, il rejoint les autres. Flavio l'accueille avec un grand sourire enfantin et ravi.

« C'est beau, hein ? Si vaste... si pur ! »

Quant à Pat, droit et mince, les paupières plissées, il regarde son fils comme s'il avait deviné son trouble.

« T'en reviens pas, hein, Kev ? » lance-t-il enfin, gentiment.

Rassuré, le garçon aide son père à monter les deux tentes : une pour eux, une autre pour Flavio. Ils vont établir ici un campement provisoire, d'où ils rayonneront chaque jour à la recherche des loups. Leur quête risque d'être longue : dans les vastes espaces de l'Arctique, chaque meute dispose d'un large territoire de deux mille cinq cents kilomètres carrés environ.

« Autant chercher un pou dans ma tignasse ! » plaisante Flavio en passant les doigts dans ses longs cheveux noirs, bouclés, retenus sur son front par un bandeau.

Heureusement, pour se déplacer, ils ont deux petits véhicules tout-terrain : Clémentine et Mandarine. On dirait deux tracteurs miniatures, de couleur orange – d'où leurs surnoms. Leurs grosses roues, montées sur rotules*, permettront de passer partout sur le sol accidenté. Un siège pour Kevin a été fixé à l'arrière de l'un d'eux.

« *Ma cabane au Canada...* », chantonne Flavio, devant sa tente.

Il commence à préparer du thé.

« Ça va nous réchauffer. Il fait pas plus de deux degrés, j' suis sûr. »

Mais, pour l'instant, Kevin ne se soucie guère du froid. Assis le dos au vent, les mains rentrées dans ses manches d'anorak, il scrute l'immensité.

Où sont-ils ?

Où sont les loups ? Et s'ils étaient cachés tout près, à les épier ? Kevin a un petit frisson.

Oh ! Bien sûr, il a déjà approché des loups. Plusieurs fois, il est allé chez un ami de Flavio qui en élève en semi-liberté, dans un enclos de plusieurs hectares, en Auvergne. Mais ceux-là étaient quasiment apprivoisés.

« Quasiment dégénérés, a coutume de dire Pat abruptement. Moi, je n'aime les animaux que libres. »

Libres et sauvages, comme ici. Seuls maîtres de cette île, où des hommes viennent d'avoir l'audace de s'introduire. Quand, où vont-ils surgir ? Comment vont-ils réagir ?

3

Dans la tanière obscure, la grande louve est toujours couchée. Depuis des jours qu'elle est là, veillant sur ses petits, elle n'a pu sortir chasser.

Soudain, elle tourne la tête vers l'entrée de la caverne et se dresse. À petits mouvements brusques et précautionneux à la fois, elle se débarrasse de ses petits, accrochés à son cou, à ses flancs. Puis, par l'étroit goulet, elle se glisse dehors.

La lumière du jour l'aveugle. À travers le brouillard blanc qui fourmille devant ses yeux, elle distingue un des siens. Il finit de gravir vers elle le promontoire rocheux, tenant dans sa gueule un quartier de viande.

La louve frotte son museau contre celui de son congénère, lui lèche les babines. Aussitôt, il lui abandonne sa proie. C'est pour elle qu'il est allé chasser.

À grands claquements de mâchoires, elle déchiquette la viande coriace et odorante. Des frissons de plaisir courent sur son échine, tandis qu'un rayon de soleil lui chauffe le dos.

Soudain, pourtant, elle s'interrompt. Depuis quelques secondes déjà, un bruit lui agace l'oreille... un ronronnement lointain, continu.

Quelques secondes encore... brusquement, son cerveau s'affole. Il cherche à identifier le son : cri d'animal, bruit du vent, des herbes, de la mer ? Non, rien de tout cela. Sa truffe se dilate, ses yeux fouillent l'horizon. Ce qui s'approche lui est inconnu, elle le sent.

Les poils, sur son cou, très légèrement, se hérissent. De peur ? Non. Que pourrait-elle craindre ? Les seuls ennemis qu'elle connaisse sont la faim et parfois d'autres loups. La faim, elle sait la subir patiemment, sans révolte. Quant aux intrus d'un autre clan qui osent pénétrer sur son territoire, elle les attaque sans peur et sans hésitation.

La louve s'est dressée sur ses pattes, le museau pointé, les oreilles en avant, tout entière tendue vers l'inconnu. Le son étrange emplit ses oreilles, vibre en elle.

Et voilà que, soudain, elle distingue au loin... deux points, d'une couleur bizarre. Deux animaux râblés, sans pattes, un peu plus hauts qu'elle, qui rampent sur le sol, épousant tous les accidents du terrain.

La louve ne les quitte pas des yeux. Inquiète et tout à la fois fascinée par ces êtres inconnus qui se rapprochent inexorablement. Elle tente de déchiffrer leur odeur un peu âcre, leurs mouvements à la fois souples et saccadés.

Les bêtes étrangères se sont arrêtées. Leur ronronnement cesse. Leur odeur flotte encore autour d'elles, en larges nappes qui vont s'élargissant, se dissipant. Sur leur dos, la louve distingue à présent trois taches de couleurs différentes : bleue, rouge, jaune.

Et brusquement, voilà que les bêtes se dédoublent. Les taches sur leur dos se séparent d'elles, deviennent à leur tour un, deux, trois animaux. Debout sur leurs pattes de derrière, ils font quelques pas, puis s'immobilisent.

Ils la regardent, la grande louve le sait. À nouveau, son cerveau s'affole, tentant de déchiffrer l'énigme. Un petit feulement lui échappe... plainte et surprise devant l'inconnu, dont elle ne sait qu'attendre.

*

* *

« J'en étais sûr ! souffle Pat. Tout à l'heure, de très loin, j'ai aperçu à la jumelle cette caverne, en haut d'une colline surmontée d'un promontoire rocheux. Aussitôt, j'ai pensé que c'était un endroit idéal pour une tanière. Puis nous l'avons perdue de vue, en descendant dans un vallon. Et maintenant...

— Il est là ! s'exclame Flavio avec un rire joyeux. Notre premier loup !

— Une louve, je pense, précise Pat. Elle a l'air de garder la tanière. Il doit y avoir des petits dedans. De là-haut, elle peut surveiller des kilomètres à la ronde.

— Elle est seule, constate Flavio. J'imagine que le reste de la meute est allé chasser. »

Kevin, lui, ne dit rien. Le souffle court, l'œil rivé à ses jumelles, il contemple la silhouette qui se dresse là-bas, immobile. S'il n'y avait son pelage blanc, on la dirait surgie du sol, taillée dans le rocher.

Kevin laisse retomber ses jumelles pour l'observer à l'œil nu. Il a l'estomac serré, et dans la gorge... une bizarre envie de pleurer. Comme d'un trop grand bonheur. À peine s'il ose respirer, de peur que la silhouette ne s'évanouisse par magie.

À cette distance, il ne peut distinguer ses yeux. Et pourtant, c'est étrange... il sent que leurs regards se croisent. C'est comme s'ils étaient reliés l'un à l'autre, à travers l'espace, par un fil invisible. Est-ce sa propre respiration qu'il entend, un peu haletante ? ou bien son souffle à elle ?

« Elle a bougé ! » s'exclame Pat.

Oui, la louve a fait un pas en avant. Du même coup, l'enchantement cesse. Il semble à Kevin que ce qu'il voit, là-bas, n'est somme toute qu'un gros chien. Une sorte de berger allemand, avec des pattes hautes, un museau fin, une queue touffue.

Brutalement, la louve fait volte-face. Et elle disparaît dans sa tanière. Kevin en ressent un pincement au cœur. Comme si elle venait de refuser sa présence.

« Elle doit être inquiète pour sa portée, commente Pat.

— Tu te rends compte, Kevin ! s'écrie Flavio, les yeux brillants. Elle vient de vivre quelque chose d'extraordinaire. Jamais elle n'avait vu des êtres comme nous. »

Le garçon reste songeur. Il essaye d'imaginer

comment il réagirait s'il voyait surgir un animal bizarre, avec six pattes et une fourrure bleue, par exemple.

À peine s'il entend son père et Flavio qui s'interrogent. Vont-ils installer ici leur campement ou s'approcher encore ?

Visiblement, ils ont décidé de se tenir à distance. Ils commencent à décharger le matériel. Kevin, machinalement, les aide. Il s'emmêle dans les toiles de tente, embrouille les tendeurs. Il a la tête ailleurs.

La silhouette de la louve danse devant ses yeux. Le fil magique qui le reliait à elle n'est pas totalement rompu, il le sent. Il lui semble qu'il peut la sentir bouger dans sa tanière.

« Regardez ! En voilà trois autres ! » s'écrie Pat.

En effet, trois silhouettes viennent de déboucher dans la combe qui longe la colline. Elles trottinent à la queue leu leu, visiblement très lasses. Tout à coup, elles s'immobilisent, tournées vers le petit groupe d'hommes. Curieusement, elles ne paraissent ni vraiment apeurées ni vraiment intéressées.

Au bout d'un moment, elles repartent, gravissent la pente qui mène au promontoire rocheux. Parvenues près de la tanière, elles s'affalent sur le sol et ne bougent plus.

« Ces trois-là doivent rentrer de la chasse, dit Flavio. Ils ont l'air complètement crevés.

— En Autriche, j'ai vu un loup qui revenait si fatigué, si repu, qu'il est resté couché dix-huit heures, indifférent à ce qui se passait autour de lui », ajoute Pat.

Tout en s'activant, Kevin jette de fréquents coups d'œil vers les nouveaux arrivants. Mais lui aussi, sans même s'en rendre compte, est épuisé. Et il a une faim... de loup !

Heureusement, Flavio, le cuistot – et quel cuistot ! –, a fini de préparer le dîner : du lapin, conditionné sous vide, qu'il a agrémenté d'épices dont il a le secret. Sonnés par quatre jours de recherches, par les émotions et le froid, les trois compagnons plongent le nez dans leur assiette.

« Je crois que ça va bien se passer ! lance Flavio, entre deux bouchées. Les loups ne se sont pas montrés bien méfiants.

— On est loin d'eux, ici, intervient Kevin. On ne peut les observer qu'à la jumelle. J'espère qu'on va rapprocher le campement.

— On verra, on verra », marmonne Pat.

Il s'allonge en bâillant, appuyé sur un coude, pour boire son café.

« Je voudrais me lever tôt demain, monter la

caméra, et m'assurer qu'elle marche bien. Allez ! On va se coucher.

— Déjà ! » s'écrie Kevin.

Eh oui ! Il est onze heures du soir à sa montre, bien qu'il fasse grand jour – le jour polaire*. Et il n'est pas encore habitué à vivre vingt-quatre heures sur vingt-quatre sous le soleil qui tourne en rond au-dessus de leur tête. Chaque « soir », il rechigne à aller se coucher. Cependant, sitôt allongé, il s'endort, terrassé par la fatigue.

Mais aujourd'hui, bien au chaud dans son sac de couchage, il ne parvient pas à trouver le sommeil. À son côté, Pat ronfle déjà. Lui, la tête appuyée sur ses bras, fixe le plafond de la tente qui laisse filtrer une lumière bleutée.

Tout est si fort, si prenant, depuis qu'il a mis le pied sur cette île ! C'est comme si le reste du monde n'existait plus.

Kevin ferme les yeux pour mieux évoquer le visage de sa mère. Sa bouche... ses yeux... il les voit, oui. Pourtant il ne parvient pas à assembler ses traits.

« C'est dingue ! murmure-t-il, pour lui-même. Quand j' pense que... »

Les mots se figent sur ses lèvres.

Un hurlement vient de s'élever.

Une sorte de plainte... aiguë, presque nostalgique... qui lentement s'amplifie, se déploie, devient un long cri. Elle s'arrête, repart. Tandis que d'autres hurlements s'élèvent, s'unissent ou s'entrecroisent.

Le chant des loups !

Kevin essaye de maîtriser la panique qui monte en lui. Pat, à son côté, s'est dressé sur un coude. Les yeux brillants de plaisir, il écoute.

Bien sûr, Kevin l'a déjà entendu, le fameux chant des loups ! C'était dans le bureau de Pat, sur un magnétophone. Et cela lui avait paru bien beau : un concert harmonieux, vibrant, de voix aux timbres différents.

Oui, mais aujourd'hui, il n'est pas assis dans un fauteuil à des milliers de kilomètres des loups. Ils sont là, tout près. Et leurs hurlements résonnent dans tout son corps, lui travaillent les nerfs.

« Et s'ils nous attaquaient ? »

C'est stupide ! Absurde ! Pourtant... Ne vient-il pas d'entendre un bruit furtif près de la tente ? Serait-ce un loup qui rôde ? D'un bond, l'animal pourrait être sur lui !

Oh ! Kevin voudrait se blottir contre son père, sentir sa chaleur, sa main qui le rassure.

« Papa... », chuchote-t-il.

Mais son père ne l'entend pas. Il écoute, captivé. Alors Kevin se détourne, pour que Pat ne voie pas la peur sur son visage. Et il reste là, raidi, les yeux écarquillés, comme un petit animal terrorisé.

4

Il y a quelques jours, les louveteaux sont sortis pour la première fois de leur tanière. On était au campement en train de prendre notre petit déjeuner, quand la louve est apparue sur le seuil de la caverne. Ses petits se bousculaient entre ses jambes. Ils étaient trop mignons ! Cinq petites boules grises au poil laineux, avec le nez tout écrasé et des petites oreilles rondes. Ils clignaient des yeux et tremblaient sur leurs pattes. Ils ont commencé à ramper autour de leur mère. Ils roulaient sur la pente, se cassaient la figure dans les trous. Ils n'avaient jamais senti le soleil, le vent, l'odeur de la terre et de l'herbe. Le monde devait leur sembler bien grand, très beau et très effrayant.

Kevin, assis dans l'herbe, un cahier sur les genoux, lève le nez. Il mordille son stylo en contemplant, au loin, la mer lisse, d'un bleu profond, entre les rives sombres du fjord*. Machinalement, il retire son bonnet de laine. C'est qu'il fait chaud aujourd'hui : dix degrés au thermomètre qu'il a consulté ce matin. Il a même vu deux loups creuser un trou dans le sol, le permafrost*, pour y faire la sieste au frais.

Le garçon s'allonge à plat ventre et reprend ses écritures : un compte rendu de son aventure qui sera publié dans le journal de son collège.

Je suis content que nous ayons rapproché notre campement. Nous nous sommes installés dans la vallée, au bas de la pente qui mène à la caverne. De là, nous pouvons observer les loups à l'œil nu sans les déranger.

Petit à petit, nous arrivons à reconnaître chaque membre de la meute. Ce n'est pas facile, car ils se ressemblent tous. Mais nous avons remarqué des petits détails qui nous aident parfois à les distinguer.

À la tête du clan, il y a le loup et la louve alpha, comme on dit en langage scientifique. La louve, je la reconnais toujours, même quand elle n'est pas avec ses petits. Je la trouve si belle ! C'est moi qui l'ai baptisée : Wounda – je ne sais pas pourquoi.

Mon grand rêve, c'est de pouvoir un jour l'approcher. J'y pense tout le temps.

Le mâle alpha est très reconnaissable car il a toujours la queue en l'air, comme pour rappeler : « C'est moi le chef ! » Dès qu'il vient vers les autres, ceux-ci courbent l'échine, la queue entre les pattes, l'air de dire : « O.K. ! On sait. On veut pas prendre ta place. »

À part le mâle et la femelle alpha, la meute est composée de quatre loups. L'un d'eux est un grand mâle costaud. Mais il ne semble pas très jeune, peut-être parce qu'il boite un peu. Il est toujours suivi par une petite femelle. Elle imite tout ce qu'il fait. C'est sa façon de lui faire la cour, et lui, ça a l'air de lui plaire. Nous les avons appelés Juliette et Roméo.

Une autre louve, Mamie, est sûrement très vieille. Elle a la démarche un peu raide. Mamie a des ennuis avec les autres membres du clan, surtout avec une jeune femelle qui a une tache grise, en étoile, sur l'arrière-train. Plusieurs fois, alors que Mamie s'approchait pour se coucher près d'Étoile, celle-ci s'est dressée, les babines retroussées, les crocs en avant. Mamie s'est rebiffée en grondant. Mais bientôt elle s'est éloignée, la queue entre les pattes. Ça me fait mal au cœur de voir cette vieille louve repoussée, sans comprendre pourquoi.

En tout, cela fait deux vieux et deux plus jeunes

qui ont dû naître l'an dernier, ou il y a deux ans. Peut-être qu'ils partiront bientôt fonder une autre meute. Tant qu'ils restent avec celle-ci, ils ne peuvent pas s'accoupler et avoir des petits. Flavio m'a raconté qu'à la saison des amours, le mâle et la femelle alpha les en empêchent, en se bagarrant avec eux. Cela peut sembler bizarre et même cruel, mais il y a une explication : une meute ne peut pas nourrir plus d'une portée de louveteaux.

« Alors, Kevin ! ça rentre, le métier ? »

Flavio, en passant près de lui, lui adresse un clin d'œil joyeux. Son appareil photo en bandoulière, il revient du ruisseau proche, au fond de la vallée, où il est allé chercher la provision d'eau. Il reste un moment debout près du garçon, observant avec lui les louveteaux qui jouent autour de la tanière. Ils se poursuivent, se mordillent, roulent sur le sol. L'un d'eux a trouvé une longue plume que les autres essayent de lui arracher.

« C'est en jouant qu'ils deviennent des adultes, capables de survivre, commente Flavio. Ils développent leurs muscles. Ils apprennent à se battre, à défendre leur proie. »

Kevin hoche la tête et éclate de rire.

« Pareil chez les hommes !... Quand j'étais

petit, y avait toujours des bagarres dans la cour de récré.

— Tout juste, Auguste ! L'embêtant, c'est qu'il y a des gens qui continuent à croire, leur vie durant, qu'il faut être le plus fort ! » rigole Flavio.

Il désigne un louveteau chétif, qui se tient à l'écart et n'ose participer aux jeux.

« Il ne va pas bien, celui-là. »

Un éclair de tristesse passe dans les yeux de Kevin.

« Je sais. Sa mère est obligée de chasser les autres pour qu'il puisse téter un peu.

— Il va peut-être s'en tirer quand même », lâche Flavio, touché par la mine anxieuse du garçon.

Puis, de sa démarche lourde et balancée, il se dirige vers le campement.

Kevin le suit des yeux et soupire. Ah ! Si seulement son père pouvait se montrer aussi chaleureux, aussi attentif que Flavio ! Malheureusement...

Depuis qu'il a commencé à travailler, Pat a changé. Au point que son fils ne le reconnaît plus. Il est devenu lointain, taciturne. Obsédé par ses observations, filmant, notant, mesurant, analysant sans relâche les comportements des loups, il n'ouvre guère la bouche que pour échanger des commentaires avec Flavio ou pour lui demander de le relayer à la caméra. Même pendant les repas, tandis que Kevin et Flavio bavardent et se détendent, Pat, plongé dans ses notes, se déride à peine.

« Zut ! La tétée ! »

Perdu dans ses pensées, Kevin n'a pas remarqué que les louveteaux avaient abandonné leurs jeux. Assis sur leur arrière-train, tassés sous le ventre de leur mère, ils tètent goulûment.

12 h 30. Kevin marque l'heure sur un carnet. Pat lui a confié ce travail : noter le nombre et la durée des tétées. C'est répétitif et pas très amusant. Mais Kevin s'acquitte de sa tâche avec un soin scrupuleux. Tout comme il accomplit ses fonctions de grouillot au sein de l'expédition : ranger les tentes et le campement, faire la vaisselle, la lessive, préparer les casse-croûte de midi et les boissons chaudes.

Les premiers temps, Kevin s'est activé en sifflotant, joyeux de tout, s'amusant de ces corvées. Il était heureux d'aider son père, de lui laisser le maximum de temps pour travailler. Et surtout, il voulait se montrer à la hauteur, relever le défi.

Oui, mais... il aurait aimé, parfois, que Pat lui adresse un clin d'œil complice ou un compliment. Qui ne sont pas venus. Alors, peu à peu, une sourde tristesse s'est emparée de lui. Pendant les longues heures où son père et Flavio sont occupés, il se sent un peu perdu... abandonné. Et même, quelquefois, il s'ennuie.

L'autre soir, pensant faire plaisir à Pat, il a pris l'initiative d'allumer un petit feu, avec des racines de saules nains et de la tourbe qu'il était allé chercher dans le fond humide d'une combe et avait fait sécher.

« Un vrai feu ! Ça réchauffe les mains et le cœur ! » s'est exclamé Flavio, en tendant ses doigts gourds vers les flammes.

Mais Pat, lui, a froncé les sourcils.

« J' sais pas si c'est une bonne idée. Ça risque d'effrayer les loups.

— Bah ! Tu exagères ! a protesté Flavio. Ils n'ont pas l'air de réagir. »

Sans répondre, Pat est retourné visser son œil à la caméra. Et Kevin, le cœur serré, est resté seul avec Flavio devant le petit feu, sans plus oser l'alimenter.

À ce souvenir, il soupire. Et, pour chasser ses idées noires, il se renverse sur le dos, les bras en croix, la tête dans les nuages. Et il pense à Wounda, Wounda la belle, qu'il rêve d'approcher.

5

D'un œil, la louve surveille ses petits. Dès que l'un d'eux s'éloigne trop et se met à couiner, effrayé, elle se lève. Elle le prend délicatement entre ses crocs et le ramène parmi les autres. Puis, tranquille, elle se rassied.

Tranquille, oui. Pourtant, même lorsqu'elle est étendue, les yeux mi-clos, elle reste en éveil. Son oreille suit les allées et venues des animaux étrangers qui se sont installés au bas de la colline.

Les premiers jours, elle ne les a pas quittés des yeux. Et, peu à peu, elle a repéré leurs parcours, leurs habitudes.

Il y a les moments où ils se déplacent, dressés

sur leurs pattes arrière. Si hauts, si droits, qu'elle a envie de s'aplatir, de s'enfoncer dans le sol.

Il y a les moments où ils disparaissent sous ces grandes choses de couleur, qui émettent dans le vent des froissements, de brefs claquements. La louve sait alors qu'ils ne reparaîtront pas de sitôt, et son attention se relâche.

Enfin, il y a les longues heures où ils restent assis sur leur arrière-train, obstinément tournés vers elle et vers les siens. Mais dans leurs regards qui ne la quittent pas et dans leurs gestes lents, la louve ne décèle aucune menace.

Ils n'ont jamais tenté de gravir la longue pente qui les sépare d'elle. Et elle sent, autour de la tanière, un large espace, un cercle protecteur.

Un instant occupé à guetter dans le lointain la course bondissante d'un lièvre, son regard est brusquement attiré vers la vallée. L'un des animaux étrangers, debout sur ses pattes, la fixe intensément. C'est le plus petit des trois, celui qui bouge le plus vite, dont la voix est la plus aiguë. La louve perçoit l'odeur de la nourriture qu'il est en train de mastiquer. Mais elle ne doit pas céder à sa faim, elle le sait.

Malgré la distance, elle sent le regard de l'autre l'envelopper, la pénétrer.

Brusquement, elle se dresse.

Quelque chose a bougé en elle et l'a forcée à se lever. Un signal... que ne lui ont transmis ni son nez, ni ses oreilles, ni ses yeux. C'était un appel silencieux, doux et impérieux à la fois.

Elle fait un pas en avant. Puis elle s'immobilise, l'arrière-train travaillé par un reste de crainte, les pattes et le museau parcourus de petits frémissements de désir.

Elle mesure l'espace qui la sépare de la silhouette, là-bas : ce grand vide qui la protège et qui soudain l'attire.

« Viens, viens, Wounda ! Viens ! »

Kevin répète ces mots dans sa tête, comme une incantation.

Mais depuis que la louve s'est dressée, le regard braqué sur lui, elle n'a plus bougé. Et Kevin ressent, presque douloureusement, la distance qui le sépare d'elle.

Pas question de s'aventurer sur la pente ! C'est une loi qu'ont fixée Pat et Flavio, afin de respecter les « appartements privés » des loups. Kevin la comprend et s'y plie. Pourtant... comme il a envie de s'approcher de la louve ! Une envie qui lui travaille tout le corps.

La nuit dernière, il a rêvé qu'il était blotti contre

elle, les bras autour de son cou, les mains enfouies dans sa fourrure blanche et chaude.

Non, décidément, elle ne bouge pas. Aujourd'hui encore, elle ne fera pas le moindre pas vers lui. Kevin soupire, se détourne. Le regard posé au loin, sur la plage de gravier gris où serpente une large rivière, il continue de manger son sandwich.

Soudain... il se fige. Tous les sens en alerte. N'a-t-il pas entendu, derrière lui, un caillou rouler sur la pente ? Très lentement, il se retourne.

Un éclair de joie. Son cœur cogne. La louve est là, à une dizaine de mètres de lui.

L'arrière-train tassé par la crainte, elle n'en avance pas moins, tout aplatie, le museau étiré.

Instinctivement, Kevin très lentement s'assied. Comme c'est étrange, impressionnant, de se trouver face à elle, le visage à hauteur de sa gueule ! Pour la première fois, il voit de près son regard incroyablement doux et timide, fixé sur lui.

« Viens, Wounda, viens ! »

Surprise par le son si proche de cette voix, la louve s'est arrêtée. Elle penche légèrement la tête sur le côté, comme inquiète et curieuse à la fois.

À nouveau, un pas... un autre. La louve est maintenant à deux mètres, tendue vers le garçon... et pourtant prête à fuir.

Pendant un long moment, Kevin reste parfaitement immobile, retenant son souffle. Puis, comme au ralenti, il détache un bout de son sandwich et le lui jette.

La louve happe la nourriture au vol. Et elle recule d'un pas pour l'avaler tranquillement.

Kevin lui tend un nouveau morceau, au bout de son bras. Mais, la queue entre les pattes, l'arrière-train tremblant, la louve n'ose se risquer jusqu'à lui.

« Viens, Wounda, viens ! »

Kevin demeure sans bouger, le bras tendu, hypnotisé par le regard doré de la louve. Il ne voit, ne sent plus qu'elle. C'est comme s'ils étaient réunis, tous les deux, dans une grande bulle transparente qui les sépare du reste du monde.

La louve, travaillée par le désir et la crainte, pousse un petit jappement. Alors Kevin, doucement, en glissant sur ses fesses, commence à s'approcher d'elle.

« Non, Kevin ! »

Un cri bref, dans son dos. Le garçon s'immobilise. La louve, effrayée, file vers sa tanière.

Kevin sent une bouffée de colère monter en lui. Les yeux brillants, il se tourne vers son père.

« Pourquoi ?... J'aurais pu m'approcher !

— Ce n'est pas à toi de le faire ! » réplique Pat, d'un ton tranchant.

Et il se met à tourner sur place, les mains dans les poches, la mine sévère.

« C'est une bête sauvage, pas un toutou de salon. On est là pour l'observer, pas pour jouer avec elle. »

Kevin serre les dents sans répondre. Comme ces paroles lui semblent injustes ! C'est la louve qui s'est approchée la première. Et c'était la même envie, la même curiosité qui les attiraient l'un vers l'autre. Un moment magique... et son père avec ses principes, ses sermons, l'a brisé !

Le garçon sent des larmes de tristesse et de rage lui monter aux yeux. Ne pas les montrer, surtout ! Ne pas craquer devant Pat ! Il se détourne, s'éloigne à grands pas, et rentre dans sa tente.

Il se roule en boule au fond de son sac de couchage. Et reste là, les poings serrés, les yeux brûlants.

6

« Bon sang ! Il manquait plus qu' ça ! »

Pat tourne en rond, l'air soucieux, autour de Flavio. Celui-ci, assis dans l'herbe, bricole leur poste émetteur. Il a un geste d'impuissance.

« Je sais pas ce qu'il a ! J'ai pourtant tout vérifié... »

Kevin fronce les sourcils. L'émetteur en panne ! C'est la tuile. Plus moyen de communiquer avec l'extérieur en cas de problème. Mais ce qui l'ennuie le plus, c'est que sa mère ne recevra pas leur message hebdomadaire, que lui transmet par téléphone la station de Thulé. Et elle va s'inquiéter, bien sûr.

« Donne-moi ça ! » fait Pat, énervé.

Et il prend le poste des mains de Flavio. Celui-ci, sans trop s'offusquer de cette brusquerie, se lève. Et il fait quelques pas, cherchant à garder son calme habituel. Kevin s'éloigne et va s'asseoir un peu à l'écart. Décidément, son père est bien nerveux, et cela le met mal à l'aise.

Après l'altercation de l'autre jour à propos de la louve, tout est apparemment rentré dans l'ordre. D'un accord tacite, Pat et lui n'ont pas reparlé de l'incident. Mais Kevin reste sur sa réserve. D'autant que son père est d'humeur impatiente.

« Le temps passe ! grogne-t-il sans cesse. Et on n'a toujours pas filmé une chasse ! »

Certes, ils ont aperçu et filmé, de loin, des loups attrapant des lièvres des neiges. De loin... heureusement ! Kevin aime tant ces jolies bêtes blanches, aux longues pattes, qui se dressent comiquement sur leur arrière-train pour guetter l'ennemi.

Mais ce qui intéresse Pat, surtout, c'est une chasse aux bœufs musqués, la plus grosse proie des loups, qui peut nourrir toute la meute et à laquelle tous ses membres participent. Et là, c'est vrai, ils n'ont pas eu de chance.

À deux reprises, ils ont suivi la meute qui partait en chasse. Mais la première fois, les loups se sont heurtés à un troupeau de bœufs adultes, tous en bonne santé, trop forts et dangereux pour qu'ils puissent les attaquer. Et la seconde fois, les deux hommes et l'enfant ont dû arrêter leur poursuite, bloqués par une rivière profonde, rapide, que les loups ont franchie à la nage.

« Et maintenant, cette saleté de poste est en panne ! » gronde Pat, en tripotant les boutons de l'émetteur, toujours muet.

Non, vraiment, Kevin n'aime pas voir son père s'emporter ainsi. Il n'a qu'une envie : se tenir éloigné. Il a les nerfs à fleur de peau. D'autant que, ce matin, il a été témoin d'un pénible incident entre les loups.

Peut-être, s'il arrivait à le décrire sur le papier, s'en trouverait-il un peu délivré ? Il prend son cahier et commence à relater la scène :

Mamie dormait tranquillement pas loin de la tanière. Étoile s'est approchée d'elle en douce, par-derrière. Et elle l'a mordue méchamment à la cuisse. Mamie a hurlé de douleur, elle s'est levée en grondant. Les deux louves sont restées face à face à s'affronter, les babines retroussées. Soudain Juliette et un autre loup sont venus aider Étoile à attaquer Mamie. Ce n'était pas une bagarre pour jouer, comme il y en a souvent dans la meute. Mamie a été jetée au sol et cruellement blessée. J'ai vu du sang sur son cou. Elle s'est enfuie en gémissant, la queue entre les pattes. Depuis, elle n'est pas revenue. Et je crois qu'elle ne reviendra pas.

Flavio pense qu'il s'est passé quelque chose entre Mamie et les autres membres de la meute, avant notre arrivée. Cela expliquerait qu'elle ait été chassée. Mais quoi ? Nous n'en savons rien. Et Flavio ne veut pas « inventer des romans », comme il dit.

« Hé ! Ça bouge, là-haut ! »

Interrompu dans son récit par la voix de Pat, Kevin lève la tête. En effet, les loups ont l'air bien excités. Ils jappent et gambadent par petits groupes en agitant la queue.

« J'ai l'impression qu'ils vont partir à la chasse ! » s'écrie Pat.

Flavio désigne le poste émetteur abandonné, hors d'usage, sur le sol.

« C'est pas l' moment ! Faut qu'on répare ce truc-là. Imagine qu'il nous arrive quelque chose... »

Pat hésite. Les loups se sont rassemblés. L'un d'eux pousse un long hurlement. Les autres lui répondent. Puis, Wounda en tête, ils se mettent en route à vive allure. Seule Juliette reste près de la tanière pour veiller sur les louveteaux.

« Tant pis pour le poste ! On y va ! » crie Pat.

Il se précipite sur les caisses contenant la caméra et ses objectifs et il les charge sur Clémentine. Flavio, un peu à contrecœur, rassemble ses appareils photo, des pellicules, des provisions.

« Allez, Kevin ! Embarque ! lance Pat, très excité, en désignant le siège fixé à l'arrière de Mandarine. Faut pas qu'on se laisse distancer. »

*

* *

La grande louve court.

Terre, vent, ciel, tout court avec elle.

La terre bondit sous ses pattes. Le ciel danse autour d'elle.

Elle n'entend plus que le martèlement de sa course, le sifflement du vent.

Elle n'est plus que le bondissement souple et rythmé de ses reins... une flèche qui vibre à travers l'espace.

*

* *

La chasse !

Au moment de quitter le campement, Kevin a été saisi d'une brusque appréhension. Un instant, même, il a failli déclarer : « Partez sans moi, je reste ici. » Mais comment justifier sa décision ? Dans la fièvre du départ, Pat allait sûrement protester, s'impatienter. Sans mot dire, le garçon a embarqué.

Et maintenant...

Maintenant, pris dans l'excitation de la course, il a oublié ses craintes. Comme ses deux compagnons, il n'a plus qu'une idée : foncer ! Rattraper les loups qui les précèdent à une allure effrénée.

« Ils se séparent ! crie Flavio. Lesquels on suit ? »

Les deux hommes s'interrogent. Le temps pour les loups de disparaître, les uns au fond d'un ravin, les autres derrière une longue barre rocheuse.

« Ils vont nous semer ! » râle Pat.

Prises dans un fond marécageux, truffé de petits cours d'eau, Clémentine et Mandarine progressent lentement. Elles cahotent, patinent. Kevin a les reins brisés, les jambes glacées par l'eau des ruisseaux.

Enfin, les voilà qui débouchent sur une immense plage. Dans le sable gris, les loups ont laissé l'empreinte de leurs pas.

« Pas de problème ! On les suit à la trace ! » déclare Flavio, ravi.

Ils s'élancent à vive allure sur l'étendue argentée, soulevant des gerbes de sable et de gravier. Le vent claque sur leurs anoraks, leur gifle le visage.

Au bout de la plage, un éboulis de cailloux leur barre le passage. Comme deux bêtes cabrées, Mandarine et Clémentine s'élancent sur la pente. Lorsqu'elles parviennent au sommet, les deux hommes et l'enfant poussent un cri de triomphe :

« On les a rattrapés ! »

En effet, quelques kilomètres plus loin, au pied d'une haute colline, la meute s'est rassemblée. À travers ses jumelles, Kevin observe les cinq loups. Ils sont immobiles, la tête levée dans la même direction. Lentement, le garçon inspecte le paysage au-dessus d'eux. Et soudain...

« Là-haut ! Regardez ! »

Au sommet de la colline, sur un fond vert-gris de pierres et de lichen, se détachent les silhouettes brunes d'un troupeau de bœufs musqués.

Les loups eux aussi, bien sûr, les ont repérées. Ils repartent et gravissent la colline au petit trot, en ordre dispersé.

« Ça y est ! pense Kevin. La chasse va commencer... »

Et l'appréhension, qui l'avait quitté, l'envahit à nouveau.

Là-haut, les bœufs, un à un, se sont arrêtés de

brouter et se tournent vers la meute qui monte tranquillement vers eux.

« Il y a deux petits dans le troupeau ! » annonce Flavio.

La gorge de Kevin se serre. Deux petits ! Deux bouvillons nés au printemps. C'est à eux, évidemment, que les loups vont s'attaquer.

Pat et Flavio ont arrêté leurs véhicules au pied de la colline.

« On continue à pied », décide Pat, en sautant à terre.

Sa caméra sur l'épaule, il s'élance sur la pente, suivi de près par Flavio.

À nouveau, Kevin hésite. Il voudrait dire : « Je reste ici. » Mais déjà son père l'interpelle :

« Allez, grouille ! »

Le garçon serre les dents et entame la montée. Quand il parvient en haut de la pente, le troupeau des bœufs s'est regroupé. Le mufle bas, menaçant, les grands mâles font cercle autour des petits, prêts à repousser l'assaut.

Mais, pour l'instant, les loups se contentent de trottiner autour d'eux presque nonchalamment.

« Ils sont moins forts que les bœufs, commente Pat. Ils vont les harceler et essayer de les disperser. »

En effet. Crocs en avant, par petits bonds, les

loups commencent à jaillir vers le troupeau. Ils virevoltent, se retirent, évitant les dangereux coups de cornes et de sabots. Face à eux, les lourdes bêtes, aux courtes pattes puissantes, au dos gigantesque, grattent furieusement le sol de leurs pieds. Et, par brusques avancées, elles forcent leurs assaillants à reculer.

Kevin, pétrifié, cherche du regard les deux bouvillons. Mais il ne peut les distinguer derrière le rempart ondulant de dos et de croupes.

« Ça y est ! » lance Flavio, entre ses dents.

Les bœufs musqués commencent à paniquer. L'un d'eux, crachant par les naseaux de longs jets de vapeur, se met à reculer. Brutalement, de toute sa masse, il fait volte-face. Et il s'enfuit au galop, ses longs poils laineux flottant autour de lui.

D'un même mouvement, tout le troupeau le suit. Et les loups passent à l'attaque.

« C'est la louve alpha qui mène la meute ! » note Pat.

Oui, Wounda s'est élancée la première derrière le troupeau affolé. Wounda la belle, la douce... Kevin sent son cœur battre à grands coups douloureux.

Derrière la louve galopent ses quatre compagnons. Peu à peu, ils s'infiltrent dans le troupeau. Pourchassant l'un, éloignant l'autre, ils harcèlent les grands animaux de tous les côtés à la fois. Jusqu'à ce qu'enfin...

« Ils ont isolé un petit ! »

Kevin s'arrête, horrifié. Car, d'un bond, Wounda s'est jetée sur le jeune bœuf et l'a saisi au jarret. L'animal, pris au piège de sa mâchoire de fer, se débat en sauts désordonnés.

Peine perdue ! Les quatre autres loups viennent de rejoindre Wounda. Ils cavalent à côté du bouvillon, bondissant pour se pendre de tous leurs crocs à son épaule, à sa gorge, à son cou.

Il faut cinq longues minutes avant que la jeune bête s'écroule, aussitôt recouverte par la meute des loups. Au loin, le reste du troupeau disparaît dans un galop désordonné.

Ne pas voir ! Ne pas voir cela : les soubresauts de l'animal mourant... son museau écumant... ses pattes qui se raidissent. Et Wounda furieusement accrochée à son cou !

Kevin voudrait s'enfuir. Et pourtant, comme hypnotisé, il ne peut détourner les yeux.

À quelques dizaines de mètres de lui, le repas des loups vient de commencer.

Babines qui se retroussent... crocs qui s'enfoncent dans le pelage épais... Les mâchoires tiraillent, déchiquettent la chair mise à nu. Les museaux fouillent les entrailles sanguinolentes.

C'est Wounda et le mâle alpha qui mangent seuls, les premiers. Les autres, qu'ils repoussent à petits coups de crocs, par brusques aboiements, tentent malgré tout d'arracher un lambeau de viande. Comme dans un cauchemar, Kevin les voit ramper, geignant, pour mendier leur part du festin. Mais ce n'est qu'une fois repus, que la grande louve et son mâle les laissent s'approcher et manger tout leur saoul.

Les cinq loups ont à présent leur pelage blanc barbouillé de sang. Les poils rougis, gluants, ils finissent de mettre en pièces le cadavre du petit bœuf musqué.

Alors, tout à coup, pris d'une immense nausée, Kevin se détourne et vomit.

7

« T'as pas faim, Kev ? »

Kevin secoue la tête sans répondre. Et il reste à fixer son assiette, l'œil éteint. Assommé.

« Tu veux pas aller dormir ? »

À nouveau, doucement, son père l'interroge. Dormir ?... Oui. Mais il ne trouve même pas le courage d'aller jusqu'à sa tente. Il lui semble que, s'il se lève, il va tomber.

Le retour de la chasse a épuisé ses dernières forces. Trente kilomètres interminables... Pendant des heures, il s'est laissé ballotter sur son siège comme un pantin, la tête vide, le cœur soulevé de nausées.

À présent, il sent les regards de son père et de Flavio fixés sur lui, attentifs, un peu inquiets. Un instant, il a honte de craquer ainsi. Puis la fatigue reprend le dessus, embrume ses pensées.

Flavio et son père mangent en silence. Tintements de couverts sur le bord des assiettes, petits bruits de mastication. Peu à peu, il semble à Kevin que les sons s'amplifient... résonnent follement dans sa tête. Il entend les mâchoires des loups claquer, leurs crocs broyer la chair ensanglantée.

La voix de son père lui parvient, au milieu de ce cauchemar :

« C'est un spectacle difficile. Surtout la première fois. »

À ces mots, un flot de larmes lui monte aux yeux. Une seconde de plus et il va éclater en sanglots. Alors il se raidit, serre les dents.

« Je comprends que tu sois remué, poursuit Pat. Pourtant... les loups doivent chasser pour survivre, tu le sais bien. Ils tuent, mais c'est sans cruauté.

— Sans cruauté ! »

Les mots ont jailli du plus profond de lui. Les scènes de la chasse défilent à nouveau devant ses yeux : Wounda se ruant sur le petit bœuf... Wounda grondant, rouge de sang...

Un terrible accablement le submerge. Il

ferme les paupières, happé au fond d'un grand trou noir. À peine s'il entend la question de Pat :

« Dis-moi, Kev... qu'est-ce que tu as dans ton assiette ? »

Kevin sursaute, lève des yeux ahuris. Il distingue, sur le visage de son père, un sourire taquin qu'il ne comprend pas.

« C'est du bœuf qu'on mange ce soir, reprend Pat. On est des carnivores comme les loups. On tue d'autres animaux pour subsister. C'est la loi, c'est la vie ! »

La loi, la vie ! À nouveau, il est saisi de nausées. Il a mal, il a sommeil, il ne veut plus penser à rien. Mais son père insiste :

« Nous, les hommes, nous sommes bien plus cruels que les animaux. Nous chassons sans avoir besoin de nous nourrir. Nous élevons des bêtes dans des conditions terribles, parquées, entassées, gavées. »

Oh ! Ces raisonnements, ces discours ! Kevin voudrait crier à son père de se taire. Il voudrait se laisser tomber sur le sol, enfouir sa tête dans quelque chose de doux.

Soudain, une grande main se pose sur sa nuque.

« T'es tendu à craquer ! Je vais te faire un petit massage », chuchote Flavio.

À cette voix-là, tranquille et chaude, le garçon ne résiste pas. Comme une poupée de chiffon, il se laisse allonger sur le sol et retirer ses chaussures. Il s'abandonne aux mains de Flavio qui massent doucement son corps raidi, ses muscles douloureux. Et il sombre presque aussitôt dans un sommeil de plomb.

*

* *

Dans la tanière obscure, la louve blanche est couchée en rond autour de son petit.

En rentrant de la chasse, elle l'a découvert, seul, presque inanimé, au fond de la caverne. Elle l'a flairé, poussé du nez... il n'a pas réagi. Une onde glacée a couru sur l'échine de la louve.

Cela fait des semaines qu'elle veille sur lui, écartant les autres pour le laisser téter. Des semaines qu'elle sent, du bout de sa truffe, de ses mamelles, la vie faiblir en lui.

Alors, longuement, soigneusement, elle a léché le petit corps à peine tiède. Puis elle s'est couchée contre lui pour lui transfuser sa force, sa chaleur.

*
* *

Kevin soulève le pan de toile qui ferme la porte de la tente et reste là, à quatre pattes, ahuri. Il ne se rappelle pas être rentré se coucher dans sa tente au retour de la chasse. Sans doute son père l'y a-t-il porté, endormi. Combien de temps a duré son sommeil ? Longtemps, sûrement. Mais il est encore faible, le cœur et l'estomac brouillés.

Toute la nuit, il a fait des cauchemars. D'abord, il a rêvé qu'il était poursuivi par une meute de loups prêts à le déchiqueter. Et puis, brutalement, la scène a changé. Il s'est retrouvé avec Pat et Flavio, dévorant de grands quartiers de viande, le visage et les mains dégoulinants de sang.

Encore bouleversé par ces visions, Kevin s'assied devant la tente. Personne au campement. À quelques centaines de mètres, il distingue les silhouettes de Pat et de Flavio, déjà au travail. Le poste émetteur gît à terre au milieu du camp, tel qu'ils l'ont laissé au départ de la chasse. Visiblement, ils n'ont pas encore pu le réparer. Ils sont trop occupés à filmer et à photographier les loups affalés, repus, épuisés, après leur longue équipée.

Les loups ! Kevin détourne la tête. Il les a en horreur, ce matin. Il les déteste, même Wounda, surtout Wounda ! D'ailleurs, il déteste le monde entier.

Il jette un long regard autour de lui. Comme tout lui semble froid et laid ! Ces montagnes pelées et ces pierrailles grises. Ce monde désert, indifférent. Et sans pitié !

Il en a assez de ce pays. Il se sent si petit, si seul. Prisonnier de cette île.

Il se laisse tomber à la renverse et ferme les yeux. Il voudrait être chez lui, bien au chaud dans sa chambre, avec ses bouquins, ses copains. Mais tout cela est si lointain, inaccessible... Des images floues dansent devant ses yeux, s'évanouissent.

Et puis soudain, sur l'écran de ses paupières, il voit surgir le visage de sa mère. Il distingue nettement ses traits : le coin rieur de sa bouche, ses yeux qui le regardent avec une immense douceur.

Oh, oui ! Quelle douceur ! Elle pénètre au plus profond de lui. Elle le calme, l'encourage. Peu à peu, il se sent mieux.

Le visage de sa mère a disparu. Kevin reste encore un long moment allongé, sous la caresse du vent. Enfin, il se lève, fait quelques pas. Et, machinalement, il commence à remettre de l'ordre dans le campement.

Il sort des tentes les sacs de couchage, les étend sur des pierres au soleil. Puis il fait chauffer de l'eau pour la vaisselle. Il agit lentement, se concentrant sur ses mains, sur les objets qu'il prend. Et cette activité paisible finit de le remettre d'aplomb.

La vaisselle terminée, il se tourne vers Pat et Flavio. Toujours filmant, notant, photographiant, ils se sont rapprochés.

« Ça va, Kev ? T'as récupéré ? »

Son père s'est retourné et lui fait un signe de la main. Le garçon est pris d'une immense envie de le rejoindre. Il voudrait s'asseoir près de lui, reparler de la chasse, de ce qu'en a dit Pat. Mais déjà, celui-ci, sans même attendre qu'il réponde à son salut, a remis le nez dans ses notes.

Alors, brutalement, une immense colère envahit Kevin. Elle explose dans sa poitrine, le submerge.

Marre ! Il en a marre de ce type, toujours plongé dans son travail, obsédé ! Ses notes, ses films, il n'y a que ça qui compte pour lui !

D'ailleurs, à quoi ça sert, ces centaines de pages couvertes de chiffres, de descriptions ? Un boulot idiot, de maniaque ! Ah ! là ! là ! Ce qu'il peut se prendre au sérieux, Pat ! Il ferait mieux de s'occuper un peu des autres...

Le garçon tourne en rond comme un lion en

cage. Il a envie de crier la déception, la rage qu'il contient depuis des semaines.

Tout d'un coup, il se détourne. Et il part droit devant lui.

Kevin marche. Au hasard. Sans rien voir. Comme si une main immense le poussait dans le dos. Il dévale les pentes, cahotant, trébuchant. Aveuglé par les larmes. Il se casse la figure, se relève, repart. Fuir ! Fuir ! Loin de cette île, loin des loups, loin de tout. Et que son père le cherche, et ne le trouve plus !

Kevin marche, marche, marche.

8

« Où est-ce que je suis ? »

Kevin ouvre les yeux. Au-dessus de lui, le ciel immense, d'un bleu laiteux, où tourne une mouette. Sur sa droite, sur sa gauche, de hautes murailles rocheuses.

Pourquoi s'est-il endormi ici, dans cet endroit inconnu ?

Lentement, dans sa tête lourde, les souvenirs se réveillent : il a marché longtemps au hasard, presque inconscient. Il criait, il pleurait. Et puis...

Brusquement, il s'est arrêté, épuisé. Comme au sortir d'un rêve. Il se trouvait dans un vallon en pente qu'il ne connaissait pas, au bord d'un torrent qu'il n'avait jamais vu. Alors il a compris : sa fuite l'avait mené très loin du campement.

Il a voulu rebrousser chemin et rentrer au plus vite. Mais quelle direction prendre ? Il a erré sans retrouver un seul endroit qui lui soit familier. Au bout d'un moment, il a dû se rendre à l'évidence : il était complètement perdu !

À bout de forces, il s'est allongé au fond d'une combe pour récupérer. Et il s'est endormi.

« Quelle heure est-il ? »

Une heure indique sa montre. Une heure du matin, c'est certain, puisqu'il a quitté le campement juste avant le casse-croûte de midi. Cela fait donc plus de douze heures qu'il est parti !

Kevin tente de maîtriser l'angoisse qui monte en lui. Pat et Flavio doivent être à sa recherche. Mais ont-ils une chance de le retrouver dans cet enchevêtrement de monts et de vallées ? Pendant qu'il dormait, peut-être sont-ils passés non loin de lui en l'appelant ? Évidemment, il ne les a pas entendus.

Kevin se lève, les mains en porte-voix :

« Ho ! Ho ! Pat ! Flavio ! »

Hélas, il a beau tendre l'oreille, aucune réponse ne lui parvient. Il reste un moment abattu, tremblant de froid, dans le silence de la combe.

Et puis il se reprend. Maintenant qu'il est un

peu reposé, plus lucide, il doit pouvoir retrouver son chemin. Il fait une centaine de mètres, afin de sortir du couloir encaissé qui lui cache le paysage alentour. Il marche vite pour essayer de se réchauffer.

Soudain, une pensée terrible lui traverse l'esprit :

« Pat ! Qu'est-ce que je vais lui dire ? »

Comment justifier son brusque départ ? La vérité, c'est qu'il a craqué. Il s'est enfui sans prévenir, comme un gamin en fugue. Lui qui, depuis des semaines, s'efforce de se montrer à la hauteur !

D'un coup, le désespoir l'envahit. Il se laisse tomber, assis sur un rocher. Et il reste un long moment prostré, la tête entre les bras.

Mais soudain, il se redresse. Les yeux brillants, les mâchoires serrées, il s'admoneste sèchement :

« Alors, ça continue ? Tu pleurniches, au lieu d'essayer de t'en sortir ! »

À nouveau, il est sur ses pieds.

D'abord, s'orienter. Malheureusement, il n'a pas sa boussole. Et il ne peut se repérer au soleil, qui tourne en rond au plus haut du ciel sans jamais descendre vers l'horizon. Mais il lui reste...

« La mer ! Si je pouvais voir où elle est, ça m'aiderait à me situer. »

D'un pas décidé, Kevin entreprend de gravir l'escarpement rocheux qui barre à moitié l'entrée de la combe. Mais bientôt, il se met à peiner. Il a le ventre vide depuis de longues heures et il est affaibli. Il grimpe de plus en plus lentement, le souffle court. Et quand il parvient au sommet, une mauvaise surprise l'attend.

« Hein ? J' suis si loin de la mer ? »

Oui, elle miroite là-bas, à plus d'une dizaine de kilomètres. Kevin a une grimace de découragement. Dans l'état où il est, ça va être dur, très dur, de marcher jusqu'à la côte !

Les mains en visière au-dessus des yeux, il essaye de repérer le fjord voisin du campement. Est-ce le grand, devant lui, ou l'autre, plus à gauche ? Sans jumelles, il ne peut distinguer des détails qui lui seraient familiers.

« Tant pis ! Je vais droit jusqu'à la mer. Une fois là-bas, on verra ! »

Oui, mais s'il suit les vallées pour ménager ses forces, il perdra le rivage de vue. Et il risque de se laisser entraîner dans une fausse direction.

« Faut que je me serve du vent. Comme les Inuits quand ils sont pris dans le brouillard. »

Fier de sa trouvaille, il repère la direction du vent par rapport à la côte et se remet en route.

Hélas, sa bonne humeur est de courte durée.

Ses chaussures lui font mal, il commence à boitiller. Il a faim, il a soif. Et surtout, il y a cette angoisse qui monte en lui par bouffées :

« Comment Pat va-t-il m'accueillir ? Il me trouvera minable. Et il aura raison. »

*

* *

Dans la caverne obscure, au cœur du rocher, la louve veille, couchée en rond autour de son petit. Dans ses yeux, patiente, obstinée, farouche, brille la vie.

*

* *

La côte, enfin ! Kevin est parvenu au bord d'un fjord. Mais... quel fjord ? Il a beau scruter le dessin des rives, la forme des rochers qui s'avancent dans la mer, il ne reconnaît rien.

Il était pourtant sûr, en s'approchant, de rejoindre le fjord qu'ils avaient longé lors de la chasse. Mais non, il se trompait. Il n'est jamais venu ici.

D'un coup, son courage l'abandonne. Pour la première fois, il a peur, vraiment peur.

La faim jette un voile rouge devant ses yeux. Ses pieds écorchés le font terriblement souffrir. Combien de temps encore va-t-il pouvoir marcher ? Doit-il longer la côte sur sa droite ou sur sa gauche ? S'il choisit la mauvaise direction, il va s'éloigner encore du campement. Et il gaspillera ainsi ses dernières forces.

Dans un ultime effort, Kevin tente de recouvrer son sang-froid. Après tout, si Pat et Flavio ne le retrouvent pas, ils pourront toujours appeler Thulé et demander qu'un hélicoptère vienne à sa recherche.

À cette idée, l'espoir renaît en lui... puis s'effondre.

« Appeler Thulé ! Impossible ! Le poste émetteur est en panne. »

Cette fois, Kevin est pris de vertige. Il fait quelques pas au hasard... s'écroule sur le sable.

Et il reste là, recroquevillé... un point microscopique, perdu au milieu de l'immensité déserte.

*
* *

Dans le noir, un gémissement.

La grande louve se lève, tremblant sur ses

pattes. Son ventre est lourd, glacé. Sa gorge palpite de terreur.

Elle geint. Elle pousse, fouille du nez le corps inerte du louveteau. Elle le mordille en glapissant.

Dehors, le vent cingle les collines nues.

Un terrible hurlement s'élève au cœur du roc, ébranle la colline, fait vibrer toute l'île.

9

Depuis combien de temps Kevin est-il couché, recroquevillé sur le sable ?

Au-dessus de sa tête tournoient des centaines d'oiseaux, qui plongent et replongent dans la mer à la recherche du poisson. Non loin de lui, les vagues clapotent sur le rivage, aussi régulières qu'une horloge battant les secondes.

Mais de tout cela, Kevin n'a pas conscience. Pour lui, le temps n'existe plus. Il se sent dériver, seul, à jamais, dans un monde obscur et sans vie.

Pourtant... est-ce le battement du sang dans ses oreilles ou le froid qui le ramène à lui ? Il relève lentement la tête. Ouvre les yeux. Et demeure interdit.

Un loup est là, à quelques mètres de lui, qui le regarde. À ses pieds est posé un énorme quartier de viande.

Pendant un long moment, l'animal et l'enfant demeurent immobiles, les yeux fixés l'un sur l'autre. Très intrigué, le loup ! Quant à Kevin, il lui semble tout simplement qu'il rêve.

Comme l'enfant ne bouge toujours pas, l'animal finit par se détourner. Il reprend dans sa gueule le lourd quartier de viande – l'arrière-train d'un bœuf musqué, semble-t-il. Et, le traînant avec peine, il commence à s'éloigner.

« Mamie ! »

Tiré de sa stupeur, Kevin vient de reconnaître la vieille louve, sa démarche un peu raide. Mamie, que la meute a chassée il y a quelques jours !

Est-elle devenue une louve solitaire, comme il en existe parfois ? Comment a-t-elle pu tuer, à elle seule, une telle proie ? Pourquoi en emporte-t-elle un aussi gros morceau, au lieu de le dévorer sur place, comme le font les loups quand leur prise est trop importante pour être transportée ?

Les questions se bousculent dans la tête fatiguée de Kevin. Puis, en un éclair, il comprend : si Mamie ne mange pas cette viande, c'est sûrement qu'elle veut la ramener pour les autres, à la tanière.

« Mamie ! Attends-moi ! »

Il se lève comme un fou en criant. Aussitôt, la louve effrayée détale, abandonnant sa proie. Puis, alors que le garçon, furieux de sa brusque impulsion, s'est immobilisé, elle revient prudemment reprendre le morceau de viande.

Kevin a envie de rire, de pleurer, de danser. Mamie va lui servir de guide jusqu'à la tanière ! Il en est sûr.

Pas à pas, sur ses pieds douloureux, il commence à la suivre. La vieille louve se retourne de temps en temps pour s'assurer qu'il se tient à bonne distance. Elle semble intriguée, plus qu'inquiète, depuis qu'il se meut lentement, sans bruit.

Combien de kilomètres font-ils ainsi, l'un claudiquant, l'autre s'obstinant à traîner sa pesante charge ?

Peu à peu, Kevin commence à reconnaître autour de lui des endroits familiers : un rocher que le vent a sculpté en forme d'oiseau... un ruisseau au bord duquel il est venu plusieurs fois couper des saules nains.

Sa démarche est de plus en plus lourde, heurtée, mais son cœur s'allège. Oh ! Comme il voudrait remercier Mamie, l'aider à porter sa proie ! Mais bien sûr, la vieille louve ne le laisserait pas approcher.

Voilà qu'elle s'arrête, les oreilles dressées. Quel

bruit a-t-elle entendu que Kevin ne peut encore percevoir ? Il stoppe à son tour et maîtrise sa respiration pour mieux écouter.

« Un moteur ! »

Le soulagement est si grand que Kevin se laisse glisser à terre, incapable de faire un pas de plus.

Encore quelques minutes, et une tache orange apparaît au loin. Mamie, inquiète, entreprend de gravir une plaque rocheuse pour se mettre hors de la route du véhicule. Quant à Kevin, il fait de grands gestes silencieux, afin de ne pas l'effrayer un peu plus.

Qui vient à sa rencontre ? Est-ce Pat ou Flavio ? À l'idée de se retrouver face à face avec son père, sa gorge se noue.

Une large et haute silhouette... de longs cheveux qui flottent au vent...

« Flavio ! »

Déjà Kevin se retrouve serré, étouffé, dans les grands bras de son ami. La main de Flavio lui ébouriffe les cheveux, tandis que sa voix répète, joyeuse, émue :

« T'es là !... T'es là !... Bon, bon... ça va ! »

« Où est Pat ? »

Kevin fouille du regard le campement et ses alentours.

« Il est parti vers l'intérieur de l'île, répond Flavio. Il sera de retour d'ici une heure ou deux. On a prévu de se retrouver à intervalles réguliers pour faire le point. »

Il aide le garçon à s'extirper de son siège à l'arrière de Mandarine. Le soulevant comme une plume, il va le déposer devant sa tente. Puis il l'aide à se glisser dans son sac de couchage pour se réchauffer.

« On peut pas prévenir Pat que tu m'as retrouvé ? demande Kevin, anxieux.

— Le prévenir ? Comment ?

— Je sais pas... Y a pas moyen de communiquer ? S'il se perdait à son tour... »

Flavio sourit gentiment, sans mot dire. Mais dans ce sourire, Kevin déchiffre une réponse qui lui fait monter le rouge aux joues :

« Lui n'est pas parti comme un fou, sans boussole. Il ne risque pas de se perdre. »

Le garçon baisse piteusement la tête. Pour ne pas augmenter son trouble, Flavio se détourne et commence à lui préparer à manger. Puis, tandis que Kevin avale goulûment plusieurs assiettées de soupe, il s'assied près de lui. Le nez en l'air, il mâchonne un brin d'herbe, sans lui poser la moindre question.

Peu à peu, les nerfs du garçon se relâchent, son

corps se détend. Et c'est alors que les larmes trop longtemps contenues en profitent pour jaillir de ses yeux. Brûlantes, incontrôlables.

« Pourquoi... est-ce qu'il... ? Pourquoi il est... ? J' pige pas ! » sanglote-t-il.

Ces quelques mots hachés ont suffi. Flavio a compris. Il fourrage dans sa tignasse, se tourne doucement vers Kevin.

« Écoute, ton père est toujours comme ça lorsqu'il travaille. Absorbé, obsédé même. À chaque expédition, dès que le boulot commence, il devient nerveux, taciturne. J'ai mis un peu de temps à m'y faire, maintenant ça va. »

Kevin a un sursaut de révolte. Avec un geste d'apaisement, Flavio poursuit :

« C'est un inquiet, Pat. Un anxieux même. Il a toujours peur de rater quelque chose... de ne pas être assez précis, minutieux. Il a la hantise de perdre du temps, ce temps si précieux lorsque l'expédition est de courte durée.

— Inquiet ?... Anxieux ? »

Le garçon secoue la tête, incrédule. Il n'a jamais vu son père sous ce jour-là. À la maison, il le connaît joyeux, attentif. Un peu rigide et sévère, parfois. Il le sait aussi passionné, au point d'en devenir autoritaire ou tranchant. Mais inquiet !...

« Eh oui ! s'exclame Flavio, avec un bon rire.

Les enfants ne connaissent pas toujours bien leurs parents. Et vice versa... »

D'un ton léger et grave à la fois, il conclut :

« Essaye de le prendre comme il est. On a tous nos bizarreries. Et quelles que soient les siennes, Pat est un type formidable ! »

Kevin hoche la tête. Sa révolte est tombée. Cela lui fait du bien d'entendre Flavio parler ainsi de son père. Il retrouve en lui un calme, une douceur qui l'avaient quitté depuis longtemps.

Il se mouche, essuie ses larmes... Une dernière vague de tristesse passe dans son regard.

« J' comprends... mais...

— Quoi ?

— J' me donne du mal... J'essaye de lui montrer qu'il peut compter sur moi... Et lui... ! »

Flavio se penche vers lui, avec une moue taquine.

« Il ne te fait pas de compliments ! C'est ça ? »

Kevin soupire, approuve de la tête. Flavio reste un instant silencieux.

« T'es-tu déjà vraiment demandé pourquoi ? »

Kevin, déconcerté, scrute le visage de son ami.

« C'est sa façon à lui de te respecter », lance celui-ci, d'une voix nette.

Et devant l'air sceptique du garçon, il ajoute :

« Tu sais, dans une expédition, c'est pas l'usage

de se congratuler. D'ailleurs, on n'en a guère le temps. Chacun agit de son mieux, et les autres apprécient sans faire de commentaires. Pat ne te félicite pas ? Il ne te donne pas de "bons points" ? C'est parce qu'il veut que tu te sentes un vrai membre de l'expédition. Pas un gamin. »

Flavio s'interrompt, éclate d'un grand rire.

« Un gamin... que tu es ! » s'esclaffe-t-il, avec une bourrade chaleureuse.

Puis il reprend son sérieux.

« Pat est un inquiet, j' te dis. Il voudrait être sûr que tu grandis vite et bien, et que tu deviendras un adulte libre, à l'aise, armé pour la vie. Il voudrait même que tu le sois déjà... histoire d'être rassuré », conclut-il, avec un petit gloussement.

Là-dessus, Flavio se tait. Un long moment, rêveur, il contemple les loups qui font la sieste autour de la caverne.

« C'est bête, les humains, marmonne-t-il dans sa barbe. Toujours anxieux, pressés. Pour leur boulot, pour leurs enfants. Ils ne savent pas laisser le temps au temps. »

Il désigne du menton la meute paisible, alanguie au soleil.

« Regarde-les, ceux-là ! Ils ne se prennent pas la tête. Ils se laissent porter par le grand rythme de la vie. L'horloge du monde fonctionne en eux :

un temps pour naître et grandir, un autre pour être adulte, et un temps pour mourir... voilà ! »

Kevin a écouté avec attention ces paroles de Flavio. Belles, claires... et un peu mystérieuses à la fois.

Mais soudain, voilà qu'il sursaute. Un bruit de moteur vient de s'élever derrière lui, dans la combe qui longe la colline. Il saute sur ses pieds. Deux secondes plus tard, Pat apparaît, monté sur Clémentine.

Apercevant Kevin au campement, il coupe son moteur. Lentement, il met pied à terre. Et il reste immobile, les yeux fixés sur la silhouette de son fils.

Kevin fait un pas en avant. Oh ! Comme il voudrait que son père coure vers lui, le serre dans ses bras !

10

Oui, Pat a couru vers Kevin. Il l'a pris dans ses bras et l'a serré très fort. Ils sont restés un long moment l'un contre l'autre. Puis Pat, doucement, a écarté son fils. Et, le tenant devant lui, il l'a contemplé longuement.

Kevin pouvait voir les questions défiler dans ses yeux. Enfin, Pat a avalé sa salive. Il a ouvert la bouche pour parler. Un seul mot en est sorti :

« Pourquoi ?... »

Il y avait dans sa voix une intensité douloureuse. Le garçon a baissé la tête.

« J' sais pas... Après la chasse, j' me sentais mal... Et puis...

— Et puis... ? » a répété Pat, sourdement.

... Rien : Kevin, malgré ses efforts, n'a pu

prononcer une phrase de plus. Il y avait une telle tension dans le regard de son père. Ce regard qui disait : « C'est à cause de moi que tu t'es enfui ? »

Comment, à cette question inquiète, aurait-il pu répondre tout simplement « oui » ? Comment expliquer ses griefs, sa colère ? D'ailleurs, depuis sa conversation avec Flavio, ils avaient presque disparu.

« T'en fais pas ! a-t-il lancé. Ça va bien maintenant. »

Pat n'a pas insisté. Sans doute pour ne pas forcer la pudeur de son fils. Peut-être, aussi, parce qu'il redoutait d'entendre ce que Kevin aurait à lui dire. Il a hoché la tête avec un sourire perplexe, un peu triste.

« Bon, bon... laissons tomber... On est trop secoués pour parler. »

Il a passé son bras autour de l'épaule de son fils. Et ils sont revenus tous les deux, cahin-caha, vers le campement.

Ce soir-là, épuisés par la fatigue et les émotions, ils sont allés se coucher tôt. Le lendemain matin, ils se sont réveillés encore un peu sonnés. Et la vie, lentement, a repris. Deux, trois jours ont passé, pareils aux autres. Et pourtant différents...

Ce matin, les deux hommes et l'enfant sont assis dans l'espace circulaire, parsemé de grosses pierres, qui leur sert de salle à manger. Flavio sirote son café. Kevin, encore ensommeillé, mâchonne un biscuit vitaminé. Et Pat, son petit déjeuner rapidement avalé, nettoie les objectifs de sa caméra.

Kevin sort de sa rêverie, et son regard croise celui de Pat.

« Ça va, Kev ? »

Question rituelle... D'habitude, Pat la pose d'un ton enjoué. Mais ce matin, le garçon perçoit dans sa voix une fêlure et une insistance à la fois.

« Un de ces quatre, on pourrait aller faire une balade ensemble, poursuit Pat, presque timidement.

— O.K. ! » approuve-t-il.

Il a répondu d'un ton neutre, presque dégagé. Pourtant aucun des deux n'est dupe. La proposition lui fait énormément plaisir.

Du coup, Kevin se rapproche de Pat et se penche sur la caméra qu'il est en train de nettoyer. À Paris, son père lui a appris à le faire. Mais ici, cette tâche est trop importante pour lui être confiée.

Tout en suivant les gestes de son père, il laisse ses pensées vagabonder. C'est drôle... Il a presque oublié son désespoir, sa fugue. Depuis son retour, il se sent apaisé. Alors que Pat, lui, demeure tendu et préoccupé.

Certes, il s'adonne à son travail avec sa concentration habituelle. Mais, à intervalles réguliers, il s'interrompt brusquement, comme s'il craignait d'oublier quelque chose. Il cherche son fils des yeux et l'interroge, un peu maladroitement, sur ce qu'il fait... ce qu'il éprouve... Avant de replonger dans ses occupations.

Quelquefois aussi, il reste à l'écart, perdu dans ses pensées, visiblement assailli de doutes, de questions.

Kevin voudrait le rassurer, lui dire : « T'en fais pas !... J'ai compris plein de choses... J' t'en veux pas. »

Mais les mots ne sortent pas. Il reste bloqué, intimidé. Dieu, comme certaines paroles sont difficiles à prononcer ! Comme il est malaisé de s'expliquer, quand on s'est heurtés, blessés !

*

* *

Le poste émetteur est réparé : je suis drôlement soulagé. Avec un peu de retard, on a quand même pu envoyer notre message hebdomadaire à Thulé, et il sera transmis à maman.

À part ça, il y a deux choses nouvelles, dans la meute. Une triste et une gaie.

La chose triste, c'est que le louveteau chétif, qui n'avait pas la force de disputer sa nourriture aux autres, est mort. Enfin, je crois, parce que je ne l'ai pas vu depuis mon retour. Cela me fait beaucoup de chagrin.

Wounda, elle, passe tout son temps à nourrir les quatre autres. Ils ont beaucoup grandi. Maintenant, ils ont de longues pattes, un museau plus fin, et des oreilles presque pointues. Et surtout, ils mangent de la viande. Wounda et la meute chassent sans arrêt pour eux. Ils rapportent de la nourriture dans leur estomac, déjà mâchée et un peu digérée. Ils la régurgitent lorsque les petits leur lèchent les babines. Les louveteaux dévorent cette espèce de bouillie et ils ne sont jamais rassasiés.

Wounda est si occupée. A-t-elle déjà oublié son petit mort ?

C'est drôle, nous, les hommes, on a toujours plein de choses qui nous tournent dans le cœur et dans la tête. On pense au passé ou à ce qui va arriver. Les animaux, eux, « vivent dans le présent », comme dit

Flavio. Ils mangent quand ils ont faim, ils dorment quand ils sont fatigués. Ils ont peur seulement quand ils sont en danger. Quand ils sont malheureux, ils gémissent, ils hurlent. Mais ça ne dure pas. La vie reprend vite le dessus. Dans le fond, j'aimerais bien être comme eux.

« Dis donc, ça a l'air sérieux, tes écritures ! lance Flavio en prenant une photo de Kevin, occupé à relire la dernière page de son cahier. T'as le front plissé comme un vieux monsieur. »

Le garçon éclate de rire.

« Tu veux que je te lise la suite ?

— D'accord, Hector ! » répond Flavio en s'allongeant dans l'herbe à ses côtés.

Kevin se lance dans sa lecture, un peu intimidé :

« *La bonne nouvelle, c'est que Mamie est de nouveau admise par la meute. Quand elle est arrivée avec son énorme quartier de viande, les membres de la meute l'ont regardée venir, sans broncher. Certains semblaient intéressés, d'autres prêts à l'agresser. Alors elle a déposé la viande sur le sol, et elle a reculé de plusieurs pas, comme pour dire : "C'est pour vous." Au bout d'un moment, Wounda s'est avancée et a commencé à manger. Les autres ont suivi. Depuis, plus personne ne cherche des noises à Mamie. Et on dirait qu'elle s'efforce de rendre service. Elle se poste souvent en sentinelle en haut du promontoire, pour veiller sur les petits.*

Pat pense que Mamie a été chassée parce qu'elle devenait vieille, mais qu'elle refusait de céder son rang aux plus jeunes. En rapportant une proie pour le clan, elle a manifesté son désir d'en faire partie à nouveau. Et les autres ont accepté.

C'est compliqué, une meute. Chacun y a sa place qu'il défend. Le loup et la louve alpha, on les appelle "les dominants". Ils sont les plus costauds et les plus malins. Ce sont eux qui se reproduisent, mènent et protègent la meute.

Mais, comme dit mon père, ils ne ressemblent pas aux chefs humains, qui cherchent la gloire ou amassent des richesses pour eux seuls. Leur instinct les pousse à agir pour le bien de la meute. Et ils n'essayent pas de profiter des autres ou de les humilier.

On pourrait le croire parfois quand ils s'approchent des "dominés", la queue haute, et qu'ils les forcent à courber l'échine ou à se coucher sur le dos en signe d'allégeance. Au début, moi, ça me choquait. Mais après, j'ai compris que c'est seulement un code entre eux. Ça leur rappelle sans cesse la place de chacun. Du coup, des problèmes et des bagarres sont évités. Les dominés se sentent blo-

qués pour faire des choses qui ne seraient pas bonnes pour la meute : s'accoupler et avoir des petits que le clan ne pourrait pas nourrir ; ou bien manger la nourriture réservée aux louveteaux. »

Kevin s'interrompt et regarde Flavio d'un air indécis.

« Je raconte pas trop de bêtises ? C'est pas facile de parler des animaux. On n'est pas à leur place... »

Flavio hoche la tête avec un sourire approbateur.

« Tout juste, Auguste ! » s'exclame-t-il.

Puis, changeant d'humeur :

« Comme dit le poète : *"Arbre, étoile ! Bêtes et choses, autres moi-même ! Vous m'êtes à la fois semblables et étrangers."* »

Kevin sourit, rêveur. Après quoi, il revient à ses préoccupations.

« Comment tu crois que Mamie a pu prendre seule une aussi grosse proie ? On aurait dit l'arrière-train d'un bœuf musqué.

— C'en était un. Sans doute a-t-elle achevé un animal malade ou déjà blessé.

— Alors, les inséparables ! Je ne vous dérange pas trop, j'espère ? » lance soudain une voix derrière eux, avec une pointe de provocation.

Kevin se retourne et regarde son père, surpris.

Quelle drôle de remarque ! Et surtout, quel drôle de ton, un peu pincé ! Pat lui-même semble pris de court, gêné par la plaisanterie qu'il vient de faire. Il se mord les lèvres et s'éloigne sans insister.

Le garçon demeure un moment perplexe. Que se passe-t-il ? Pat serait-il un peu... jaloux de sa complicité avec Flavio ?

Il jette un coup d'œil vers son ami. Celui-ci branle la tête, amusé autant qu'étonné. S'apercevant que Kevin l'observe, il a une mimique cocasse, comme pour dire : « Qu'est-ce qu'il a, ton grand fou de père ? » Et, se levant, il se dirige à son tour vers le campement.

Kevin reste seul, déconcerté. Il revoit le visage de Pat, à l'instant même où il s'est tourné vers lui. Un visage d'enfant, à la fois anxieux et boudeur.

« Ça alors ! pense-t-il. On dirait que Pat a peur... que je ne l'aime plus. Depuis ma fugue, il ne sait plus comment être avec moi. Il se pose des tas de questions, je le vois bien. »

Jamais il n'a senti son père ainsi : fragile, pas très sûr de lui. Il en est ému, dérouté.

« Tout d' même... jaloux ! C'est idiot ! »

Les paroles de Flavio lui reviennent à l'esprit : « C'est un inquiet, Pat. »

Oui, et Kevin commence vraiment à le comprendre. Comme c'est étrange de découvrir, sous l'apparence familière de son père, un autre homme qu'il ne connaît pas ! Avec des réactions enfantines, aussi irraisonnées que les siennes.

11

« Je vais chercher de l'eau. Y en a plus du tout. »

À ces mots, Pat lève le nez et regarde Kevin, campé près de lui.

« C'est lourd pour toi, répond-il. Flavio ou moi, on va y aller, comme d'habitude.

— Bof ! réplique-t-il. Je suis devenu costaud, tu sais. Je rapporterai ce que je pourrai. Ce sera déjà ça. »

Il reste un moment, le nez au vent, debout à côté des deux hommes. Puis il lance :

« Vous inquiétez pas si je ne rentre pas tout de suite. Je vais en profiter pour aller me promener. J'ai ma boussole. »

Il s'apprête à s'éloigner quand il remarque le regard de son père fixé sur lui.

« Ben... qu'est-ce que j'ai ? Pourquoi tu me regardes comme ça ? » demande-t-il, intrigué.

Pat voudrait répondre. Mais, visiblement, les mots ne sortent pas. Du coup, Kevin lui aussi se sent embarrassé.

« C'est toujours un peu difficile entre nous, pense-t-il avec regret. J'aimerais tant qu'on soit plus proches, plus libres ensemble. »

Comme son père ne dit toujours rien, il retient un soupir, se détourne. Et il dévale la pente, balançant le bidon à eau au bout de son bras. Pat le regarde s'éloigner à travers ses paupières plissées.

« C'est fou ce qu'il a changé ! » murmure-t-il.

Flavio approuve de la tête. Oui, Kevin a bien changé depuis quelque temps. Il est devenu plus indépendant, entreprenant. Pendant les longues heures où les deux hommes travaillent, il s'active tranquillement de son côté, sans jamais paraître s'ennuyer ou rechercher leur présence. Il s'invente des occupations : dans une plaque de bois léger, il a découpé deux belles girouettes en forme de loup qu'il a fixées au sommet des tentes. Et il a entrepris de dresser une carte de la région, dans un rayon de cinq kilomètres autour du campement.

« Chapeau ! C'est superbe ! » s'est exclamé Pat, sincèrement admiratif, quand il lui a montré ses premiers croquis.

Le garçon a reçu ce compliment avec un grand sourire... sans plus ! Lui qui, il y a quelque temps encore, était si avide de félicitations ! Ce besoin de reconnaissance l'a quitté. Son travail de cartographie, il n'en attend que le plaisir de l'accomplir.

À présent, il dévale à toute vitesse un éboulis caillouteux. Pas facile de courir sur cet amas de pierres rondes qui roulent et croulent sous les pas ! Mais il a la technique maintenant. Il progresse par petits sauts, enfonçant profondément ses talons dans les cailloux, et rebondissant aussitôt. Ses muscles, fortifiés par des semaines de marche et de vie au grand air, répondent au quart de tour.

En abordant une large dalle rocheuse, il a envie de retirer ses gros souliers. Quel plaisir de sentir, sous la plante nue de ses pieds, la pierre dure et tiède ! Il lui semble marcher sur la carapace d'un immense animal préhistorique endormi.

Au bord du ruisseau, Kevin laisse son bidon se remplir tandis que, les doigts plongés dans l'eau glacée, il la regarde courir, libre et claire.

Puis, abandonnant le bidon au fond du vallon, il va s'asseoir plus haut, sur une pente tapissée de lichen roux. Bien calé, les bras sur les genoux, il promène autour de lui un long regard circulaire : la crête blanche des glaciers qui se détache, immaculée, sur le ciel d'un bleu profond... le dessin pur du fjord, où la mer fourmille d'éclats argentés... les courbes nues et douces des collines... Comme tout est vaste et beau !

Kevin le sent tout entier en lui, ce pays. Sur sa peau, incrustés, le soleil et le vent. Dans ses yeux, les couleurs de la terre, fauves, en cette fin d'été. Dans sa poitrine et jusque dans ses veines, la pureté de l'air, l'odeur de la mer.

« Je voudrais... je voudrais que cela dure toujours ! » pense-t-il, dans un brusque élan de bonheur.

Et aussitôt, sa gorge se noue à l'idée que... Non, il ne veut pas penser à ça ! La main en visière sur les yeux, il contemple le paysage dans ses moindres détails.

Soudain, son regard est attiré par une silhouette souple qui file au ras d'une colline. Wounda ! Malgré la distance, Kevin l'a reconnue. À quelques mètres devant elle, il distingue une petite tache blanche, bondissante, qui s'enfuit éperdument : un lièvre des neiges, la proie la plus commune des loups.

Un instant, il a envie de détourner la tête.

Certes, les images de la chasse aux bœufs musqués se sont estompées. Mais quelque chose en lui ne peut toujours pas les comprendre, les accepter.

« Vite ! Vite ! Échappe-toi ! » murmure-t-il à l'adresse du lièvre.

Comme si l'animal l'avait entendu, il accélère encore l'allure, se lance dans une série de zigzags effrénés. Et soudain, comme happé par la terre, il disparaît.

« Ouf ! soupire Kevin. Il a eu le temps de rejoindre son terrier. »

La grande louve s'est arrêtée net, la truffe au ras du sol. Et, sans insister, elle tourne bride et s'éloigne.

« Tant pis, ma belle ! » lance-t-il.

Pourtant, au même moment, son cœur se serre : Wounda est repartie bredouille. Les petits qui l'attendaient, affamés, garderont le ventre vide.

Kevin secoue la tête, dérouté. Tout à l'heure, il prenait fait et cause pour le lièvre. Et maintenant, il se tracasse pour les loups. Décidément, la vie est pleine de contradictions. Cruelle, aussi.

Cruelle ? Il entend résonner dans sa tête les paroles de son père, au retour de la chasse aux bœufs : « Les loups tuent, mais c'est sans cruauté. »

Pensif, le garçon laisse son regard errer sur le

paysage alentour. Comme tout est tranquille, somptueux, baigné dans un profond silence. De la terre monte une immense paix, très douce, à la fois fourmillante de vie.

Certes, dans le ciel, un oiseau tourne à l'affût d'une proie tapie dans l'herbe. Et quelque part dans les collines, la louve doit être repartie à la poursuite d'un lièvre. Et pourtant...

Pourtant, tout reste paisible. Et ces événements quotidiens de la vie et de la mort ne semblent altérer en rien le calme immuable des choses.

Un long moment, Kevin reste troublé, perplexe.

Brusquement, il pense à Paris, à la ville, à tous ces gens là-bas... qui s'agitent, crient, souvent se disputent, se haïssent... se font la guerre aussi. Rien de tel ici. Ni haine ni tourments. Les animaux ont faim, se font la chasse, tuent, mais c'est...

« Sans cruauté », songe Kevin.

Oui, il le comprend maintenant. Enfin... presque. Tout cela demeure si étrange, mystérieux !

*

* *

Hier, j'ai parlé loup !

Je revenais du fjord, quand j'ai aperçu Wounda, Roméo et Juliette qui rôdaient dans le campement désert. Wounda s'est mise à creuser le sol à l'endroit où nous tenons au frais certaines de nos provisions. Et Juliette, qui fouinait dans nos casseroles, en a pris une dans sa gueule pour l'emporter comme un jouet. Il fallait que j'intervienne, sinon ils allaient mettre le campement sens dessus dessous.

Quand les loups veulent en écarter un autre, le « gronder », ils poussent un aboiement bref. Alors j'ai mis mes mains en porte-voix devant ma bouche, j'ai aboyé à leur manière, et ça a marché. Les trois loups se sont immobilisés, les oreilles couchées. Et, comme je recommençais, ils se sont éloignés à contrecœur, la queue entre les pattes.

Peut-être que, si je restais ici des années, je saurais communiquer avec eux dans leur langage. Peut-être même que je finirais par devenir mi-homme mi-loup !

Kevin s'est arrêté d'écrire. Car, sur la page de son cahier, vient d'apparaître une tache mouillée, grosse comme une pièce de cinq francs... puis une autre, où l'encre commence à se diluer.

Étonné, il lève la tête. Et il reste interdit, les yeux écarquillés. Il neige ! De rares mais lourds flocons planent, se posent autour de lui, aussitôt absorbés par la terre.

De la neige en été ! Incroyable ! Mais au fait... quel jour de l'été ?

Il feuillette fébrilement son cahier. Sur une des pages, il a collé un calendrier. Il le consulte, fait un rapide calcul, et...

« Le 28 !... On est déjà le 28 août ! » murmure-t-il.

Au même moment, un éclat de rire s'élève derrière lui. C'est Flavio, le visage tendu vers le ciel, la bouche grande ouverte, qui happe joyeusement les flocons de neige. Remarquant la mine consternée du garçon, il s'arrête, l'interroge du regard.

« Le mois d'août est presque fini ! » s'écrie Kevin, atterré.

Le visage de Flavio, à son tour, se rembrunit. Il pousse un énorme soupir.

« C'est beau, la première neige, mais... celle-ci nous annonce que l'été va bientôt finir. Et qu'il va nous falloir partir. »

Partir ! Le mot atteint Kevin comme un coup de poing dans la poitrine. Il reste là, assommé, bouleversé, au milieu des lourds flocons annonciateurs de l'hiver. Le terrible hiver arctique où les étrangers comme eux ne peuvent survivre.

12

La dernière soirée !

Toute la journée, les deux hommes et l'enfant se sont activés, triant, emballant le matériel. Grâce au poste émetteur, ils ont établi un dernier contact, à Thulé, avec le pilote de l'hélicoptère qui viendra les chercher demain.

À présent, assis dans l'herbe autour d'un petit feu de saules nains, ils se taisent. Chacun perdu dans ses pensées.

« Fait pas chaud, les enfants ! » lâche enfin Flavio, en tendant ses mains vers les flammes.

Kevin enfonce son bonnet sur son front et se blottit plus profondément dans son sac de couchage. Appuyé sur un coude, il regarde le soleil descendre lentement vers l'horizon : une grosse boule incandescente qui éclabousse les lointains d'une lumière pourpre. Depuis plusieurs jours, le soleil se rapproche de la ligne d'horizon, sans la toucher encore. Et le crépuscule tombe pour quelques heures... une lumière grise qui estompe les contours.

« Déjà l'automne ! lance Pat. Il va durer quelques semaines. Puis l'hiver et la nuit s'installeront pour plusieurs mois. »

Kevin frissonne. Il regarde courir au-dessus de sa tête de longs nuages noirs, effilochés. Depuis l'autre jour, la neige a fondu. Mais d'ici quelque temps, elle tombera à nouveau, lourde et drue, couvrant l'île. Et la mer gèlera, enserrant la terre d'Ellesmere dans un carcan de glace.

Le promontoire rocheux... la combe herbue... les collines grillées par le soleil... Kevin détaille ce paysage qui lui est devenu si familier. Et soudain la nostalgie, contre laquelle il lutte depuis des heures, l'envahit.

Demain !... Demain, tout cela continuera d'exister. Mais lui ne sera plus là. Est-ce possible ? Cela fait trois longs mois qu'il est ici. Trois mois !... Et pourtant il lui semble que c'est hier qu'il est arrivé sur cette île. L'aventure est passée si vite !

« Content de revoir ta mère, tes copains ? » lâche Flavio.

Kevin hoche la tête. Bien sûr, il est content, très content. Plusieurs fois dans la journée, de grandes bouffées de joie l'ont envahi, à lui couper le souffle.

Mais ce soir, ce n'est pas au retour qu'il pense. Des questions le tenaillent, qu'il a évité jusqu'alors de se poser ou de poser à Pat. Reviendra-t-il jamais ici ? Reverra-t-il un jour la meute et Wounda ? Non, sans doute.

« Faut que je l'accepte, pense-t-il. Pat m'avait prévenu : c'est toujours comme ça dans les expéditions. On vit des choses très fortes... et soudain on doit repartir et tout quitter. »

Mais ses efforts pour se raisonner restent vains. Une immense tristesse l'étreint.

Il tourne son regard vers le haut de la colline. Tous les loups y sont rassemblés, formant un large cercle. Pour eux aussi, le moment semble grave. Assis, les oreilles dressées, les yeux fixés sur l'horizon... on dirait qu'ils écoutent et regardent venir l'hiver.

Les louveteaux, Roméo, Juliette, Étoile... une à une, Kevin contemple leurs silhouettes immobiles. Le mâle alpha, Mamie... et enfin, et surtout... Wounda !

Wounda, la belle ! Comme elle leur est devenue proche ! Ces derniers temps, elle venait parfois tourner autour d'eux, l'œil brillant, presque malicieux. Avant de repartir au petit trot d'un air dégagé.

Kevin pourrait la dessiner les yeux fermés : la courbe exacte de ses épaules, de son échine, de sa queue... la collerette de poils un peu ébouriffée qui encadre son museau fin... et l'éclat de ses yeux, parfois timide ou curieux, parfois étrangement fixe, sauvage, mystérieux.

Oui, il la connaît bien. Et pourtant... jamais il n'a pu réaliser son rêve : la toucher, caresser son pelage blanc, la flairer, comme un animal en flaire un autre. Et puis passer les bras autour de son cou et rester là, le visage enfoui contre elle.

Un grand rêve impossible !... Il y a toujours eu entre eux ces quelques mètres, cette barrière invisible, douloureusement infranchissable.

Ce soir, Kevin en éprouve un regret poignant. Il se roule en boule au fond de son sac de couchage, enfouit sa tête dans ses bras.

« Des animaux sauvages ! lance Flavio, comme en écho à ses pensées. Nous avons vécu trois mois près d'eux, sur le même carré de terre. Et pourtant, tout nous sépare. Demain, ils resteront ici, sur cette terre vierge, immuable depuis des dizaines de milliers d'années.

— Et nous, bêtes humaines, nous rentrerons dans le monde que nous avons bâti à notre image. Compliqué, toujours changeant, et prétendument civilisé », conclut Pat avec un petit rire de gorge moqueur.

Il désigne les caisses de matériel empilées près des tentes.

« Quand je pense à ces kilomètres de pellicule, à ces centaines de pages de notes... je me demande si nous ne sommes pas complètement fous. Avec notre besoin de savoir, de tout analyser, de tout comprendre. »

Kevin sort la tête de son sac de couchage et lui lance un regard surpris. C'est bien la première fois qu'il entend parler ainsi son scientifique de père !

« Je me demande même, poursuit Pat, si ce travail, ces expéditions ne sont pas un prétexte... un moyen pour nous permettre de vivre quelques mois en leur compagnie », ajoute-t-il en désignant les loups.

À nouveau, Kevin regarde son père. Il lit sur son visage un trouble enfantin, une expression rêveuse teintée de douceur et de nostalgie. Oh ! Comme il aimerait le voir ainsi plus souvent !

Naturel, détendu. Il se sentirait tellement plus proche de lui.

« Dans le fond, pense-t-il, c'est un peu comme avec Wounda. Il y a entre lui et moi une distance, une barrière invisible, que nous n'arrivons jamais tout à fait à franchir. »

Au même moment, Pat tourne la tête et croise le regard de Kevin fixé sur lui. D'abord, il semble gêné d'avoir été observé à son insu. Puis un sourire tendre et malicieux apparaît sur ses lèvres. Une drôle de petite flamme, un peu folle, s'allume dans ses yeux, danse, danse...

D'un bond, il est debout.

« Tu viens, Kev ? »

Kevin ouvre la bouche pour demander où ? Mais en un éclair, il a compris. Déjà, il est sur ses pieds. Et il rejoint Pat qui l'a devancé au bas de la colline.

Lentement, côte à côte, ils commencent à monter. Le cœur du garçon bat à petits coups heureux, précipités. Certes, les derniers jours, rompant avec la loi qu'ils s'étaient fixée, Pat et Flavio se sont aventurés sur le bas de la pente pour mieux filmer les loups. Mais aujourd'hui...

Aujourd'hui, c'est jusqu'à la tanière que Kevin va monter. Et c'est son père qui l'y convie, l'accompagne !

Les loups, un à un, tournent la tête vers les deux silhouettes qui viennent vers eux. Ils ont l'air intrigués et même, semble-t-il, un peu intimidés par cette visite inattendue.

À mi-chemin, d'un accord tacite, Kevin et Pat s'arrêtent pour donner à la meute le temps de s'habituer à leur présence. Puis, après avoir échangé un regard complice, ils repartent.

Ils sont maintenant à quelques mètres de Mamie, couchée telle une sentinelle au pied d'un rocher. La vieille louve les fixe intensément, le museau frémissant, les oreilles agitées de petits tressaillements. Puis, comme pour leur donner la permission de passer, elle pose la tête sur ses pattes et les regarde tranquillement par en dessous.

Alors, doucement, ils pénètrent dans le cercle des loups. Étrange et poignante impression de se retrouver au milieu d'eux ! Kevin sent une grande vague de bonheur le parcourir de la tête aux pieds. Et en même temps, bizarrement, il éprouve une gêne. Serait-ce de se tenir debout, si haut, au-dessus de la meute couchée ?

Le voilà qui se baisse, s'agenouille. Sans avoir à tourner la tête, il sait que Pat en fait autant. Et c'est à quatre pattes que le père et le fils finissent de grimper jusqu'aux abords de la tanière.

*

* *

La grande louve contemple les deux bêtes humaines qui viennent de s'asseoir parmi les siens. Tant qu'ils s'avançaient, dressés sur leurs pattes de derrière, elle était tenaillée par une terrible envie de s'aplatir, de s'enfoncer dans le sol. Mais maintenant qu'ils sont immobiles à hauteur de ses yeux, sa vigilance, cette corde tendue dans son cerveau depuis des jours et des jours, lentement se relâche. Une vague de bien-être naît au creux de son ventre, se propage, lui ferme à demi les paupières. Et elle s'abandonne à cette présence inattendue... qu'elle attend peut-être, sans le savoir, depuis longtemps.

*

* *

Depuis quand Kevin et Pat sont-ils assis côte à côte, parmi les loups ? Le garçon a perdu toute notion du temps. Il lui semble même avoir perdu l'usage de la parole. Pas une fois il n'a éprouvé le besoin de parler à son père, tant il le sent complice près de lui. D'ailleurs, il ne peut imaginer prononcer un mot d'homme au milieu des loups silencieux.

Soudain... Wounda s'étire, se redresse. Le regard fixé sur l'horizon, elle lève la tête, couche les oreilles, tend le cou. Et, de sa gueule entrouverte, s'élève un long hurlement.

Un frisson court sur la nuque de Kevin. Jamais il n'a entendu, de si près, un loup hurler. Une peur ancestrale s'éveille en lui. Il ferme les yeux, essaye de se détendre.

Un à un, les autres membres de la meute se dressent à leur tour. Un à un, ils se mettent à chanter, mêlant, entrecroisant leurs voix à celle de Wounda. Et c'est comme une forêt de sons qui s'élèvent autour de Kevin, se répercutent sur la voûte du ciel, et retombent autour de lui, l'enveloppant, le pénétrant.

Et voilà que, soudain, quelque chose monte du creux de son ventre. Une onde s'élargit, vibre dans sa poitrine, se propage le long de sa gorge...

Presque effrayé de ce qui se passe en lui, Kevin rouvre les yeux et se tourne vers son père. Pat est assis très droit, le menton tendu vers le ciel. Kevin le voit prendre son souffle. Et tout à coup, de sa bouche entrouverte, s'élève... un long hurlement.

Le louveteau Kevin n'en croit pas ses oreilles. Le louveteau Kevin est pris d'une folle et merveilleuse envie de rire. Et, succombant à son tour à ce cri qui monte du plus profond de lui, il mêle son chant à celui de son père et à celui des loups.

13

Quand l'hélicoptère a décollé, Kevin a senti quelque chose se déchirer en lui. Comme si une moitié de son être restait enracinée dans le sol de l'île, tandis que l'autre s'élevait dans les airs, vers les siens, vers son pays.

Il s'est tourné vers Pat, il a découvert son visage pâle et tendu, ses mâchoires serrées. Alors il a posé la main sur le genou de son père. Celui-ci a souri. Et Kevin ne s'est pas détourné pour lui cacher les larmes qui roulaient sur ses joues.

*

* *

Il y a eu l'hiver. Quatre longs mois d'une nuit continue. Une nuit claire, laiteuse, éclairée par les seules lueurs de la lune et des étoiles.

Il y a eu le blizzard qui soufflait pendant des jours et des jours, soulevant des tourbillons de neige, mettant à nu, à vif, le sol gelé de l'île.

Il y a eu la brume noyant les terres dans un océan impalpable, sans rivage et sans fin.

Pendant des mois, les loups ont erré dans la nuit, le blizzard et la brume. Ils ont parcouru en tous sens leur territoire en quête de nourriture.

Le temps était venu pour les louveteaux, devenus louvarts*, d'apprendre à chasser. Mais à la fin de l'hiver, deux d'entre eux étaient étendus, morts, dans la neige, les côtes saillantes, les flancs creusés par la famine.

C'est alors qu'une pâle lueur est apparue à l'horizon. Et quelque temps plus tard, un gros soleil pourpre, d'une rondeur parfaite, a surgi. Il a couru au ras des brumes avant de disparaître à nouveau. Puis, jour après jour, à mesure qu'il s'élevait plus haut dans un ciel plus clair, le printemps est venu.

Le printemps, la saison des amours. Le mâle alpha et la grande louve se sont accouplés une nouvelle fois. Et tandis que la neige commençait à fondre, ruisselant de partout, faisant gonfler la terre, la vie s'est mise à gonfler dans le ventre de Wounda.

Des icebergs, telles des cathédrales de glace, se détachaient des glaciers. La banquise commençait à craquer, à dériver.

C'est alors qu'un point noir est apparu dans le ciel.

Peu après, un hélicoptère s'est posé sur le sol de l'île, zébré de neige blanche et de rocs noirs. Trois silhouettes ont sauté à terre. Sans attendre, elles se sont mises à décharger de lourdes caisses. Puis l'une d'elles est remontée à bord. Et, dans un tourbillon de neige folle, l'hélicoptère a décollé. Assez vite, il a disparu derrière la ligne de crête des glaciers.

Pat et Flavio, montés sur Clémentine et Mandarine, ont repris le chemin familier de la tanière des loups. Mais la colline était déserte, la caverne encore vide. La meute n'était pas encore revenue prendre ses quartiers d'été.

D'une colline voisine, Wounda a vu arriver les deux bêtes humaines... deux taches de couleur, émergeant dans sa mémoire, à travers le grand manteau blanc, d'oubli, de l'hiver.

Elle les a regardés s'approcher du cadavre de Mamie, couchée au fond de la combe sur un linceul de neige. Ils sont restés un moment près de la vieille louve, accroupis sur leurs pattes de derrière.

Puis ils ont installé à nouveau, au pied de la colline, ces grandes choses de couleur sous lesquelles ils ont coutume de disparaître chaque jour durant plusieurs heures. Ils ont repris leurs parcours, leurs habitudes.

À nouveau, ils ont fait partie du monde de Wounda, au même titre que le vent, les oiseaux, les rochers.

Et, quelques jours plus tard, quand le temps est venu pour elle de monter à la caverne préparer le liteau* où elle allait bientôt mettre bas, elle a fait un petit crochet pour passer près du campement. Elle s'est arrêtée, tournée vers les bêtes humaines, avec dans son regard brillant une sorte de malice. Puis elle a grimpé la colline d'un petit trot affairé et tranquille.

*

* *

« Déjà deux mois que nous sommes ici ! » lance Flavio, qui sirote son café, assis devant sa tente.

Il jette autour de lui un regard satisfait, clignant des yeux dans la lumière crue de ce début d'été.

« On a bien travaillé !

— Oui, répond Pat. On a eu raison de revenir et de se démener pour arriver deux mois plus tôt que l'an dernier. C'était primordial d'observer la meute avant la naissance des petits. Et notre film sera complet. »

Les deux hommes restent un moment silencieux, regardant le manège d'un skua*. L'oiseau vole autour du mâle alpha, l'attaquant en piqué comme un avion de combat, pour l'empêcher d'approcher de son nid construit à même le sol de la toundra.

« Dommage que Kevin n'ait pu voir ce printemps ! Ce débordement de vie, de couleurs, le miracle des fleurs poussant sur cette terre aride.

— Je n'arrête pas de penser à lui, soupire Pat. Je revois son visage tiré par le chagrin, quand nous l'avons quitté à l'aéroport. Il essayait de nous sourire, mais... c'était un moment terrible pour lui.

— Il était vraiment impossible qu'il nous accompagne, n'est-ce pas ?

— Tu le sais bien. On en a beaucoup discuté, sa mère et moi. J'avais vraiment envie de l'emmener, mais Agathe était contre, et pour de bonnes raisons : ça lui faisait manquer le collège plusieurs mois. Et ses notes ont été désastreuses, cet hiver. »

Pat reste un moment songeur.

« Dans un sens, l'aventure de l'an dernier lui a

fait un bien fou. Il est devenu indépendant, sûr de lui. Et puis nous nous sommes rapprochés, lui et moi. Et ça, ça me rend vraiment heureux. Mais, d'un autre côté, il a eu du mal à se réadapter.

— Pas au début, réplique Flavio. Je me souviens qu'il était drôlement content de retrouver la civilisation. Prendre un bain chaud, flâner dans les rues... C'était la fête !

— Oui, tous ses copains défilaient à la maison. Et lui parlait, parlait, racontait. Il distribuait des copies de son journal de bord. »

Pat plisse les paupières, comme pour mieux visionner le film de ce dernier hiver.

« C'est avec le froid, la neige, que cela s'est gâté. Il est devenu silencieux, inquiet. Il avait toujours la tête ailleurs. Il est venu se confier à moi, il m'a avoué qu'il n'arrivait pas à travailler. Il était obsédé par les loups. Il les imaginait errant, affamés, dans la nuit, la tempête. Il en faisait des cauchemars.

— Oui, intervient Flavio. Un soir que j'étais resté coucher chez vous, je l'ai entendu qui criait dans son sommeil : “Wounda ! Wounda !” J'étais bouleversé. Il y avait un tel appel dans sa voix ! »

Brusquement, Flavio s'interrompt, dresse l'oreille. Un ronronnement lointain lui parvient. Puis un point noir apparaît à l'horizon.

« L'hélicoptère ! Il est à l'heure ! s'écrie Pat, en sautant sur ses pieds.

— On va avoir du courrier, du pain frais ! clame Flavio, tout excité. Tu lui as dit de se poser au même endroit qu'il y a deux mois ?

— Bien sûr ! On y va à pied ? Deux, trois kilomètres, c'est pas loin.

— O.K. ! » approuve Flavio.

Et les deux hommes s'éloignent, courant à petites foulées.

Quand ils parviennent près de l'à-plat herbu où l'hélicoptère a pris coutume d'atterrir, celui-ci vient juste de se poser. Avant même que son hélice se soit immobilisée, la porte de la carlingue s'ouvre et une silhouette saute à terre. Plaquée au sol par le souffle de l'appareil, elle s'élance, courbée en deux, vers Pat et Flavio. Et elle se jette dans leurs bras. Des rires, des exclamations joyeuses s'élèvent.

Le pilote à son tour est descendu. Soudain, du petit groupe qui gesticule près de l'hélicoptère comme des marionnettes, l'une d'elles se détache. Elle s'éloigne d'un pas rapide. Puis elle se met à courir.

Kevin court à perdre haleine. Déjà il a franchi la distance qui le séparait du campement. Il passe devant les tentes et s'arrête, haletant, au pied de la colline.

Là, il semble hésiter. Il jette un coup d'œil vers les silhouettes de Pat et de Flavio qui s'en reviennent tranquillement, tandis que l'hélicoptère s'éloigne dans les airs. Puis son regard se tourne à nouveau vers le haut de la colline.

C'est alors, alors même qu'il s'apprête à s'engager sur la pente, qu'une silhouette apparaît au seuil de la caverne.

Blanche. Immobile. On la dirait surgie du sol de l'île.

Comme ébloui, Kevin a fermé les yeux. Quand il les rouvre, c'est pour voir le regard de la louve fixé sur lui.

Un long moment, l'animal et l'enfant demeurent sans bouger. Hypnotisés. Reliés l'un à l'autre à travers l'espace par un fil invisible, magique.

Puis Kevin commence à gravir la colline. La grande louve le regarde venir telle une sentinelle.

Ce n'est que parvenu à quelques mètres d'elle qu'il s'arrête. Lentement, il s'accroupit. Et, à quatre pattes, il s'approche.

Il est si près d'elle, à présent ! Il pourrait la toucher, la caresser. Et passer les bras autour de son cou, comme il l'a rêvé si souvent.

Mais voilà que son regard se pose sur l'entrée de la tanière. Un grand trou noir, profond, qui brusquement l'attire. L'aspire irrésistiblement.

Le temps d'un éclair, il se dit que c'est impossible, qu'il va commettre une folie. Mais déjà il avance, toujours à quatre pattes. Il passe près de Wounda... la frôle presque.

Elle n'a pas bougé. Il la sent dans son dos... tous ses muscles tendus, bandés... son museau frémissant... ses yeux braqués sur lui. Pourtant... il sait qu'il peut continuer.

Il s'engage dans le goulet étroit. Une odeur tiède et fauve lui parvient, emplit peu à peu ses narines, ses poumons. Il progresse dans le noir absolu, tâtonnant, les yeux écarquillés. C'est comme s'il pénétrait de plus en plus profond dans les entrailles de la Terre. Comme si le vent, le soleil, tout le reste du monde n'existait plus.

Voilà. Il vient de sentir sous lui un tapis de poils et de mousse sèche. Il s'arrête. Il avance une main. Et ses doigts rencontrent une petite boule chaude, palpitante de vie. Puis une autre. Deux... trois... six. Ils sont six petits corps, encore aveugles et sourds, qui respirent, couinent, gigotent dans l'obscurité.

Tendrement, Kevin les prend, les palpe, les caresse. Puis il abandonne sa main dans le nid tiède. Il ramène les jambes sous lui, s'assied. Et il demeure là, sans bouger, dans le ventre de la Terre. La poitrine gonflée d'un grand bonheur tranquille.

Il sait ce qu'il va faire. Il va rester ici encore un peu. Au cœur du rocher, au cœur de l'île. Puis il ressortira. Au seuil de la caverne, la grande louve l'attendra. Elle sera si proche qu'il pourra la toucher.

Mais il n'en fera rien, il n'essaiera pas de la caresser. Il laissera entre eux ces quelques centimètres, cette barrière invisible qu'il n'éprouve plus le besoin de franchir. Puisque Wounda la belle, Wounda la sauvage, vient de lui offrir toute la confiance et l'amitié qu'elle peut partager avec un enfant d'homme.

Glossaire

ARCTIQUE : Vastes régions (mer et terre) autour du pôle Nord, délimitées par un cercle de 2 500 kilomètres de rayon : le Cercle polaire arctique.

BANQUISE : Mer prise en glace.

BIOLOGIE : Science qui décrit les êtres vivants, étudie leur mode de vie : comportements, reproduction, habitat, etc.

CANIDÉS : En biologie, le loup fait partie de la famille des canidés, tout comme le chien, le renard, le chacal.

COMBE : Petite vallée encaissée.

FJORD : Étroite langue de mer qui s'enfonce profondément dans la terre.

GUERRE FROIDE : Pendant une vingtaine d'années après la Seconde Guerre mondiale, les États-Unis et l'U.R.S.S. ont vécu dans un état de tension et d'hostilité, où chacun se préparait à une guerre éventuelle.

JOUR POLAIRE : Pendant les quatre mois de l'été polaire, de mai à août, le soleil ne se couche jamais.

LITEAU : Matelas que la louve prépare dans la tanière pour y mettre bas, avec des poils de son ventre, des herbes, des mousses.

LOUVART : Jeune loup de six mois à un an.

MIGRATION : Il y a encore dix ou vingt ans, tous les Inuits étaient des nomades. En été, ils migraient, quittaient leurs campements fixes de l'hiver pour parcourir parfois de longs trajets, chassant et pêchant.

PERMAFROST : Sol des régions polaires qui reste perpétuellement gelé. En été, il ne dégèle que sur un mètre de profondeur environ.

ROTULES : Pièces de métal sphériques sur lesquelles sont montées les roues, qui leur permettent de se mouvoir dans toutes les directions.

SKUA : Oiseau noir et blanc à longue queue.

TOUNDRA : Steppe de la zone arctique, recouverte de neige une grande partie de l'année. Pendant l'été, il n'y pousse guère que des herbes, des mousses, des lichens, des bruyères, et quelques rares arbres malingres.

ANNE MIRMAN

Anne Mirman est née en 1945 à Paris. Enfant, elle s'enferme régulièrement dans les placards pour raconter des histoires aux balais. À l'âge de vingt ans, elle réalise que ces histoires peuvent être publiées (ce qui lui évite de passer toute sa vie dans les placards).

Elle écrit donc huit romans pour enfants, parus dans la Bibliothèque Rose et la Bibliothèque Verte. Puis elle s'oriente vers le cinéma où elle est tour à tour assistante de réalisation, scripte, monteuse, scénariste, réalisatrice de courts métrages et de documentaires.

En 1994, elle s'offre un grand cadeau qu'elle désire depuis longtemps : elle décide de se consacrer entièrement à l'écriture. Travail solitaire, qu'elle aime prolonger par des rencontres avec les jeunes lecteurs, dans les bibliothèques ou en milieu scolaire.

Composition Jouve - 53100 Mayenne
N° 293436X
Imprimé en Italie par G. Canale & C. S.p.A. - Borgaro T.se (Turin)
novembre 2001 - Dépôt éditeur n° 16475
32.10.1856.7/02 - ISBN : 2.01.321856.7
Loi n° 49-956 du 16 juillet 1949 sur les publications destinées à la jeunesse
Dépôt légal : novembre 2001